GOSCINNY UN UDERZO
PRÄSENTEERE DAT ASTERIX-BOCH

Däm Asterix singe Jung

DER TEX UN DE BILDCHER SIN VUM UDERZO

EHAPA VERLAG · STUTJART

Asterix op kölsch

Wann e paar kölsche Wööt nit mih em Jeheensschaaf ze finge sin, ka 'mer he nohloore:

Wer das eine oder andere kölsche Wort nicht kennt, kann hier nachschauen:

aanjestallt = angestellt
Aap = Affe; siehe auch: *met einem de Aap maache*
adich = artig, brav
ahl = alt
Ähz = Erbse
ald = schon
anplaatz = anstelle
ärch = arg, sehr
ävver = aber
Baas = Herr, Chef, Meister
Bedressje = Spitzbüberei, Betrügerei
Beie = Bienen
blo = blau
Blöötestöpp = Blütenstaub
Blötschkopp = Blödmann
Bösch = kleiner Wald
Botzetäsch = Hosentasche
Brassel = Ärger, Mühe, viel Arbeit
Britz = Zaun, Bretterwand
Buch = Bauch
Buhei = Aufwand
Butz = Kuß
bütze = küssen
Bützjescherr = „Kußgeschirr“: Mund, Lippen
Däts = Kopf
Dat jeit dich ene Dress aan! = Das geht dich einen feuchten Kehricht an!
Dommdölmes = Dummkopf
Dörre = Türen
Dress = Scheiße; siehe auch: *Dat jeit dich ene Dress aan!*
drieße = scheißen
drop = darauf
drüvve = drüben
dun = tun
ei Ei = ein Ei
eije = eigen, eigenartig
Eldere = Eltern
em Ress jelosse = im Stich gelassen
en Häd vun = eine Menge von
enjelaht = eingelegt
eren = herein, hinein
erer = derer
erömjetirvelt = herumgewirbelt
evvens = eben, so eben
expree = ausdrücklich, absichtlich, eigens
fäns = fern
fasshalde = festhalten
Fazung = Façon; hier: negatives äußeres Erscheinungsbild
Felje = Felgen; hier: Zahnfleisch
fies = 1. sehr, arg 2. eklig, häßlich 3. anwidernd
finge = finden
Firke = Ferkel, Schweinchen
fliedije = unflätige, unanständige
flöck = schnell, flott
flupp = (es) klappt
Foderkaat = Speisekarte
Föör = Feuer
Fööß = Füße; siehe auch: *jet aan de Fööß han*
fott = fort, weg
Fott = Po, Hintern
Fott Wachs = Schläge auf den Po
Fottknöppelsfingere = Schmutzfinger
Freese = Fiesling
Fressklötsch = kölsches Original († 1845), das u.a. über ungeheure Kräfte verfügte
futü = vorbei
hä = er
he = hier
hellije Klemmopdelück = äußerst aufdringlicher Scheinheiliger
höre = hören
hühkste = höchste
Himmel un Äd = Kölner Nationalgericht: gestampfte Kartoffeln und Apfelmus mit gebratener Blutwurst und Röstzwiebeln
Höhnerkläuche = Hühnerfüßchen; siehe auch: *mem Höhnerkläuche dran jon*
Hölp = Hilfe
höösch = vorsichtig, leise
höppe = 1. hüpfen 2. humpeln, lahmen
huh = hoch
iggelich = aufgeregt, erregt
ih = eh, ehe
jajo dat = sicher das, aber gewiß
jäl = gelb
Jängeler = Hausierer
jangk = geh (!)
jau = gerissen, ausgekocht, schlau
jeck = 1. verrückt 2. nicht recht bei Trost 3. albern, lustig
jeck op jet sin = 1. verliebt, vernarrt in eine/n oder etwas sein 2. auf etwas erpicht sein
Jedöns = hier: Plackerei, viel Aufhebens
jeeße = gießen
jeflapp = bescheuert
jeis = (du) gehst
jeit = (er, sie, es) geht
jejovve = gegeben
Jemölsch = Mischmasch
jesalv = wohlhabend
jet = etwas
jet aan de Fööß han = wohlhabend sein
jet aan de Jäng han = viel Mühe haben, viele Unannehmlichkeiten haben
jet en de Maue han = stark, kräftig sein
jevve = geben
jewähde = gewähren
jih = jäh, plötzlich aufkommend

Fortsetzung auf Seite 49

Eeschte Oplaach 1996
EHAPA VERLAG GMBH
Possfach 10 12 45, 70011 Stuttjart

Us dem Französische zoeesch en et Huhdütsche üvversatz: Gudrun Penndorf M.A.
Us dem Französische un Huhdütsche en et Kölsche üvversatz: Alice Herrwegen, Ingeborg Nitt, Volker Gröbe, Gerd Schumacher

Baas vun der Redaktiun: Michael F. Walz
Vizebaas vun der Redaktiun: Georg F.W. Tempel
Jeschrevve wie jemolt: Kordula Botta
Staats paratjemaht: Wolfgang Berger
Alles zesammenjefrößelt: Kurt-Heinz Lessig und Agnès Borie
Titel vum Orjenal: «Le fils d'Astérix»

Jedröck un jebunge: Fratelli Spada, Rom
ISBN 3-7704-0468-8

Op Papeer jedröck, wat nit met Chlor jewieß es. Der Ömschlaach es met Lack üvvertrocke, dä der Ömwelt nit schad.

GOSCINNYRIX
VDERZORIX
VIS COMICA

ET DÖRP VUN DE
WIDDERBÖÖSCHTIJE JALLIER
LÜTTBONUM
LAUDANUM
AQUARIUM
BABAORUM
BELGAE
LUTETIA
SPQR
ARMORICAE
GALLIEN
ÖM 50 V. CHR. VUN DE RÖMER BESATZ
CELTAE
AQUITANI
PROVINCIA
NARBONENSIS
MER SCHRIEVEN ET JOHR 50 V. CHR.
JANZ JALLIE ES VUN DE RÖMER BESATZ...
JANZ JALLIE? ENÄ! EI DÖRP, EN DÄM WIDDERBÖÖSCHTIJE UN KURASCHEETE JALLIER LEVVE, WEED NIT MÖÖD, DENNE RÖMER DE STEEN ZO BEEDE. UN ET LEVVE ES NIT LEICH FÖR DE RÖMI-SCHE LEJIONÄRE, DIE EN DE KASERNE BABAORUM, AQUARIUM, LAUDANUM UN KLEINBONUM LIJJE...

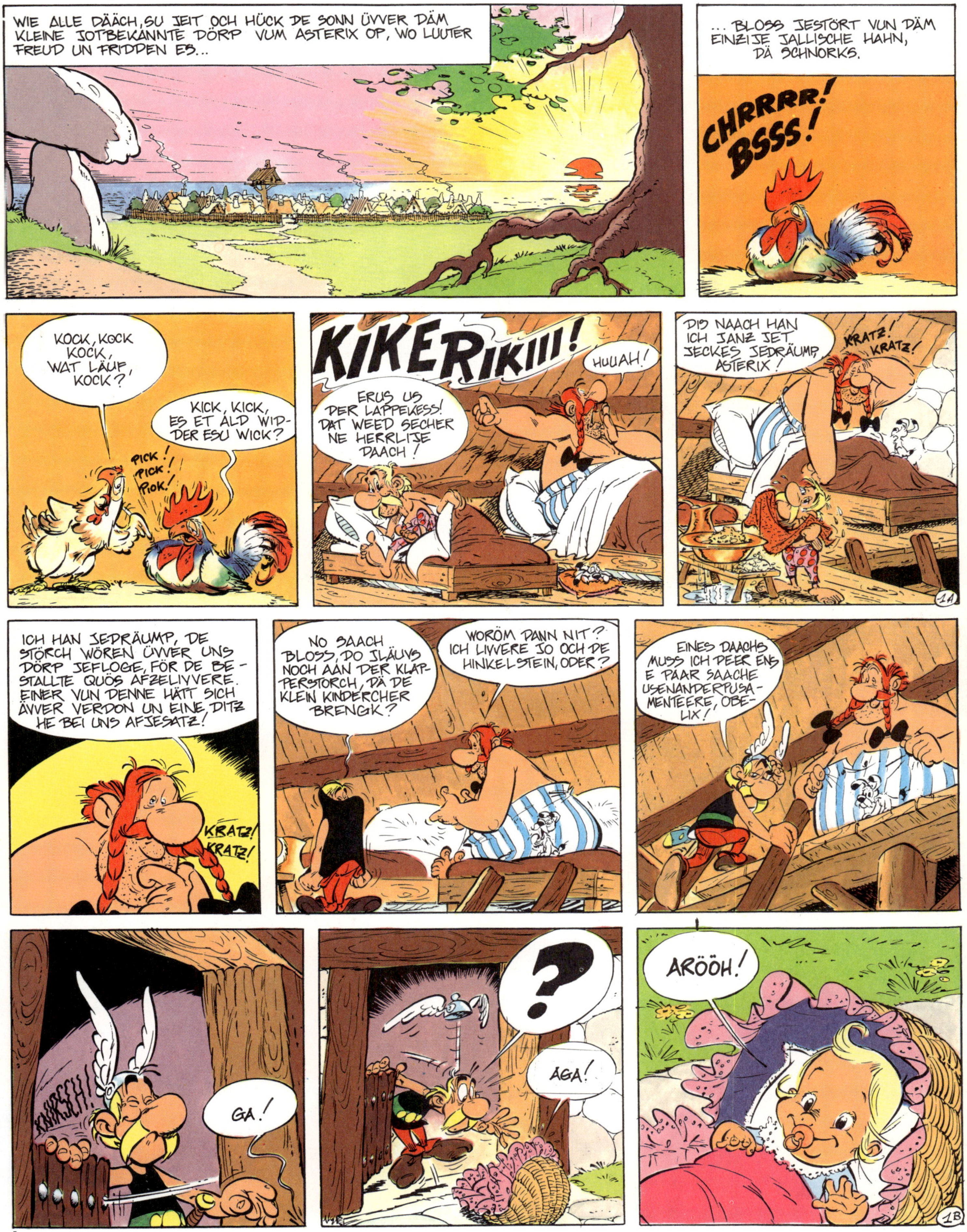
WIE ALLE DÄÄCH, SU JEIT OCH HÜCK DE SONN ÜVVER DÄM KLEINE JOTBEKANNTE DÖRP VUM ASTERIX OP, WO LUUTER FREUD UN FRIDDEN ES...
... BLOSS JESTÖRT VUN DÄM EINZIJE JALLISCHE HAHN, DÄ SCHNORKS.
CHRRRR! BSSS!
KOCK, KOCK KOCK, WAT LÄUF, KOCK?
KICK, KICK, ES ET ALD WIDDER ESU WICK?
PICK! PICK! PICK!
KIKERIKIIII!
HUUAH!
ERUS US DER LAPPEKESS! DAT WEED SECHER NE HERRLIJE DAACH!
DIS NAACH HAN ICH JANZ JET JECKES JEDRÄUMP, ASTERIX!
KRATZ! KRATZ!
ICH HAN JEDRÄUMP, DE STÖRCH WÖREN ÜVVER UNS DÖRP JEFLOGE, FÖR DE BESTALLTE QUÖS AFZELIVVERE. EINER VUN DENNE HÄTT SICH ÄVVER VERDON UN EINE DITZ HE BEI UNS AFJESATZ!
KRATZ! KRATZ!
NO SAACH BLOSS, DO JLÄUVS NOCH AAN DER KLAPPERSTORCH, DÄ DE KLEIN KINDERCHER BRENGK?
WORÖM DANN NIT? ICH LIVVERE JO OCH DE HINKELSTEIN, ODER?
EINES DAACHS MUSS ICH DEER ENS E PAAR SAACHE USENANDERPUSAMENTEERE, OBELIX!
KNIRSCH!
GA!
?
AGA!
ARÖÖH!

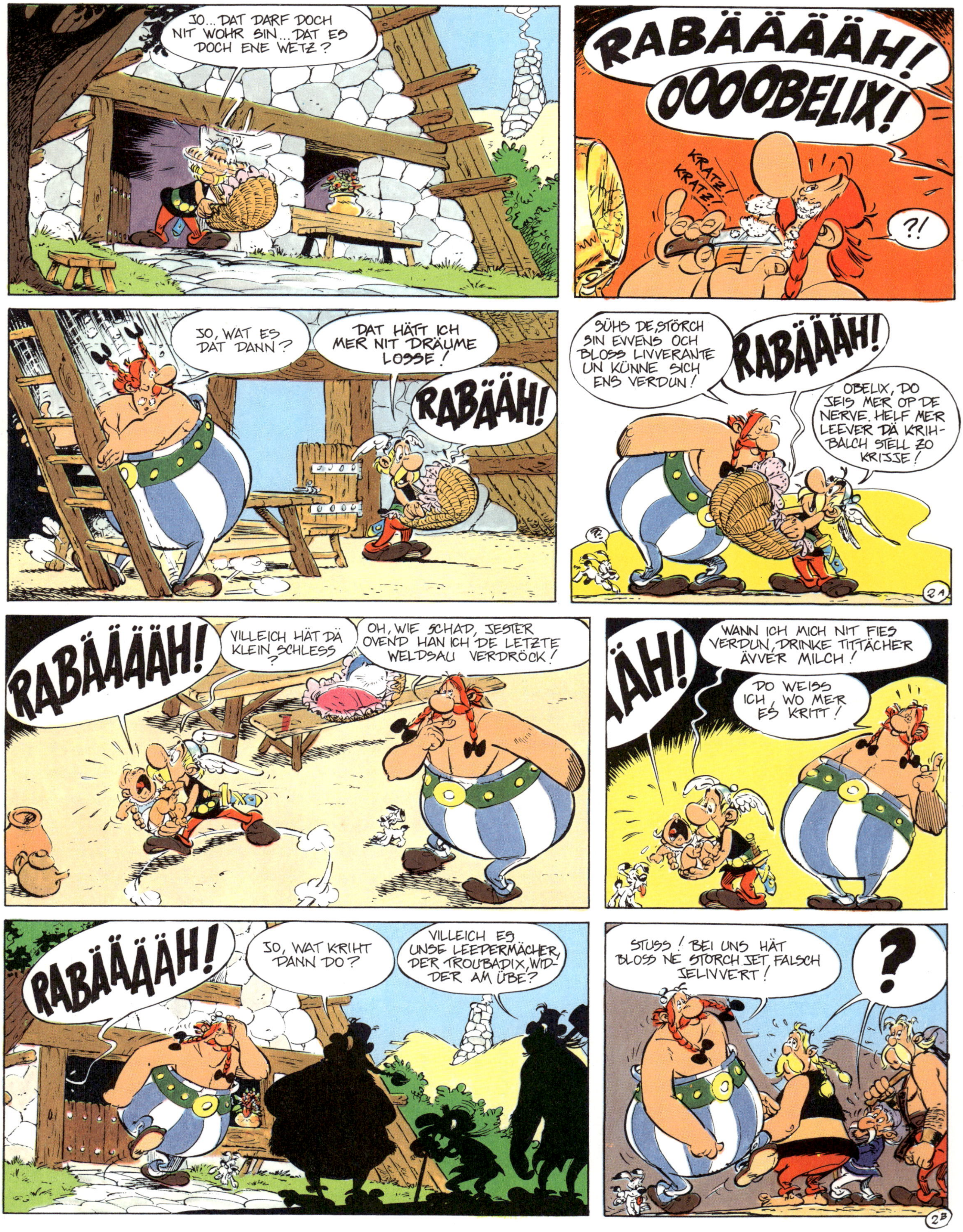
JO... DAT DARF DOCH NIT WOHR SIN... DAT ES DOCH ENE WETZ?
RABÄÄÄÄH!
OOOOBELIX!
KRATZ! KRATZ!
?!
JO, WAT ES DAT DANN?
DAT HÄTT ICH MER NIT DRÄUME LOSSE!
RABÄÄH!
SÜHS DE, STÖRCH SIN EVVENS OCH BLOSS LIVVERANTE UN KÜNNE SICH ENS VERDUN!
RABÄÄÄH!
OBELIX, DO JEIS MER OP DE NERVE. HELF MER LEEVER DÄ KRIHBALCH STELL ZO KRIJSE!
?
RABÄÄÄÄH!
VILLEICH HÄT DÄ KLEIN SCHLESS?
OH, WIE SCHAD, JESTER OVEND HAN ICH DE LETZTE WELDSAU VERDRÖCK!
ÄÄH!
WANN ICH MICH NIT FIES VERDUN, DRINKE TITTÄCHER ÄVVER MILCH!
DO WEISS ICH, WO MER ES KRITT!
RABÄÄÄÄH!
JO, WAT KRIHT DANN DO?
VILLEICH ES UNSE LEEPERMÄCHER, DER TROUBADIX, WIDDER AM ÜBE?
STUSS! BEI UNS HÄT BLOSS NE STORCH JET FALSCH JELIVVERT!
?

MÖÖÖÖH!
KLING!
KLONG!
DIE KOH HAN ICH VUM APPENDIX JÄJE NE HINKELSTEIN US-JELIHNT, ASTERIX.
?
RABÄÄÄH!
ES JO JOT, DAT DRÖMERÖM KANNSTE MER SPÄDER VERZÄLLE. SÜCH ENS ZO, DAT DE MILCH OP DER DESCH KÜTT, UN DOMET HÄT ET SICH!
MÖÖÖÖH!
PSSS, PSSS, NO LOSS JON! PSSS, PSSS!
!
DÄ, ICH SINN ET ALD, VUN KÖH HÄSTE JENAU ESU WINNICH AHNUNG WIE VUN STÖRCH! HALT DÄ WEK-KELDITZ FASS, ICH DUN DER RESS!
3A
BÄH, DAT KÄÄLCHE SETZ JO EM WASSER!
UN WÄ ES ET SCHOLD?
KOOT DROP...
RABÄÄÄÄH!
DE MILCH ES JEMOLKE. SÖÖK MER ENS ESU JET WIE E FLÄSCHELCHE, DERWIEL DUN ICH DAT BABADITZ-JE NEU WECKELE!
HAN ICH DAT NIT DOLL JEMAHT, ASTERIX? EN FLÄSCH MET ENEM NÜGGEL DROP!
ÄGA!
FELVER FLÄFF, OBELIKF!
PÖÖH!
DO JIS IM JETZ DE FLÄSCH; ICH SINN ENS ZO, DAT ICH DER ROT VUN UNSEM DÖRP ZOSAMMEKRIJJE!
ÄVVER ICH WEISS DOCH JANIT, WIE MER SU JET MÄHT!
MÄHT NIX! DAT WEED HÄ SELVER WESSE!
GA! GA!
ICH HAN DAT BLÖDE JEFÖHL, DAT SE MICH ALL AANLOORE UM AM LAACHE SIN!
GLUCK! GLUCK! GLUCK!
HÄFF! HÄFF! HÄFF!
3B

ICH VERSTON, WIE SCHNEEERLICH DAT FÖR DICH ES, ASTERIX. MER MÜSSE FLÖCK ERUSFINGE, WO DAT KIND HERKÜTT UN WÄM ET JEHÖÖT!
NO ES ET JO LEIDER ESU, DAT KINDER ET MIHTS OP DER ALTAR EM TEMPEL ODER OP DÄM PLATZ EM DÖRP USJESATZ WÄDE...
...WANN ÄVVER SU E STRÖPPCHE EXPREE VÖR DER HÖTT VUN ENEM LEDDIJE KREEJER USJESATZ WEED, MÄHT MER SICH ESU SING JEDANKE.
JEDANKE? WAT DANN FÖR JEDANKE?
4A
HE WAAT ENS ENE MOMANG! EHR HAT WAL EN ÄHZ AM KIEME!
TOCK! TOCK! TOCK!
TJA, VILLEICH HAN MISJÖH ASTERIX NIT ENS MÖH, DE MUTTER VUN DÄM STÜMPCHE WIDDERZEFINGE?
STOPPT DÄM WIEV DE SCHNÜSS, ODER ICH MAACHEN US IM HIMMEL UN ÄD MET BLOTWOOSCH!
NIT ESU JIHHÖSTICH! BLIEV DOCH RÄUHICH!
ASTERIX! KUMM FLÖCK!
DAT ES DER OBELIX!
AAAASTERIX!
DOBEI HATT DER DAACH ESU JOT AANJEFANGE!
MÖÖÖÖH!
KLONG! KLONG! KLONG!
4B

KLONG! KLONG!
KLONG!
DÄ MEINT DOCH JLATT, DIE KOH VUM APPENDIX WÖR E RÄSPELCHE!
?
MÖÖÖÖÖH!
KLONG! KLONG! KLONG!
AGA! AGA!
BEIM TÜNNEMANN! ICH WEDDE, DO HÄS IM DE MILCH EN EN FLÄSCH JEDON, WO NOCH JET DREN WOR VUM MIRAKELSAFF!
KÜNNT IM DAT JET USMAACHE, MIRACULIX?
IM NIT; DER OBELIX ES DOCH DER DECKSTE BEWIES DOFÖR, DAT ET DRINKE VUM MIRAKELSAFF NEM KIND NIT SCHAD.
GA!
PLATSCH!
BLOSS DENNE DRÖMERÖM!
SCHEPPER! KLONG!
DO HÄTTS EN ÖNTLIJE FOTT WACHS VERDEENT!
GA?
GNIIIIIIII!
AGA! HIHIHI!
HMPF!
FLUPP!
ALSU IHRLICH, DIE PÄNZ VUN HÜÜK SIN JO ÄRCH VERTROCKE, ASTERIX!
APPENDIX, HE HÄS DE DING KOH WIDDER!
?!
JEVV ÄVVER DROP AACH, DAT SE NIT NOCH ENS WIE E RÄSPELCHE USSÜHT. DAT KÜNNT FÖR FANTE ÄRCH JEFÄHRLICH WÄDE.
???????

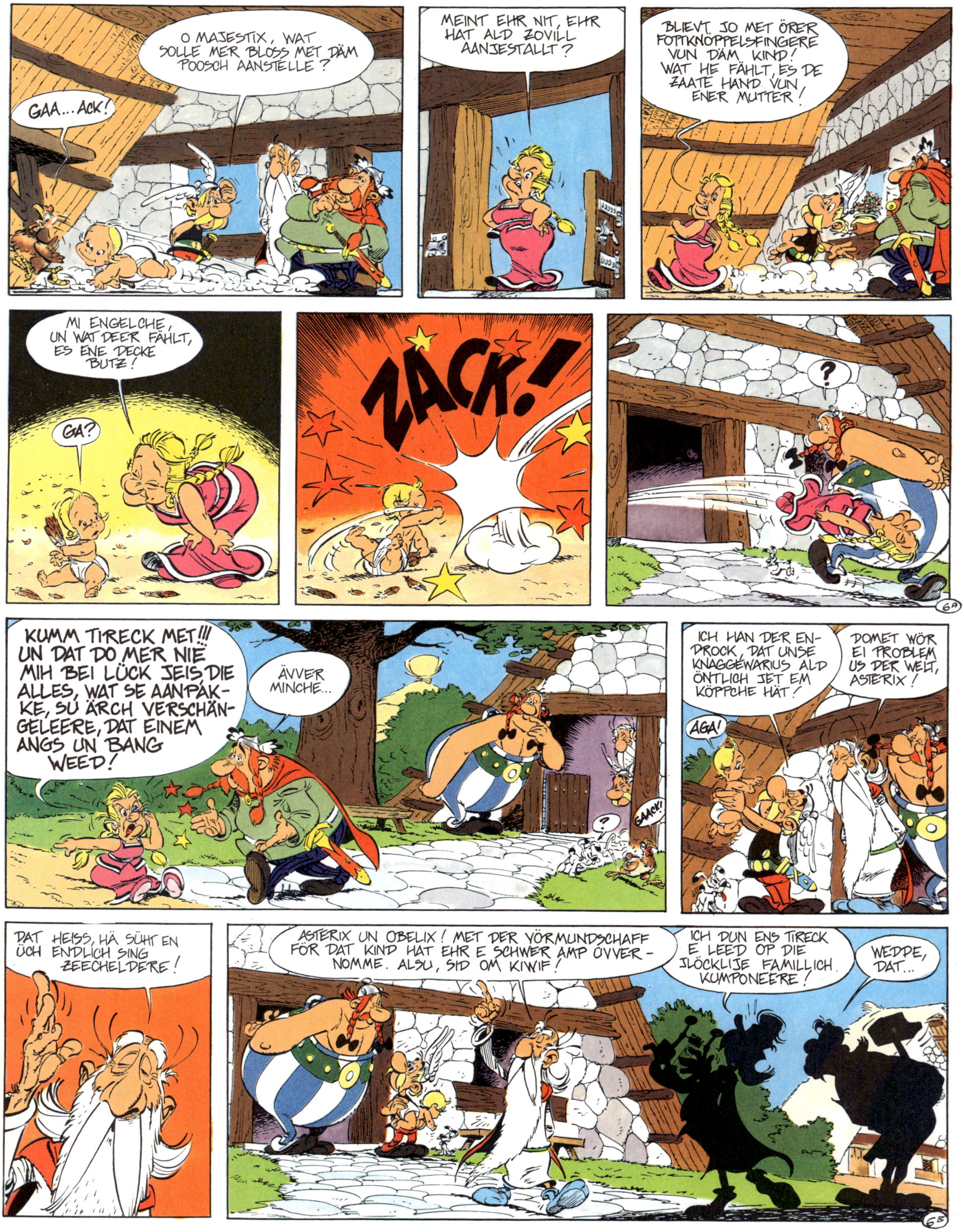
O MAJESTIX, WAT SOLLE MER BLOSS MET DÄM POOSCH AANSTELLE?
GAA... ACK!
MEINT EHR NIT, EHR HAT ALD ZOVILL AANJESTALLT?
BLIEVT JO MET ÖRER FOTTKNÖPPELSFINGERE VUN DÄM KIND! WAT HE FÄHLT, ES DE ZAATE HAND VUN ENER MUTTER!
MI ENGELCHE, UN WAT DEER FÄHLT, ES ENE DECKE BUTZ!
GA?
ZACK!
?
KUMM TIRECK MET!!! UN DAT DO MER NIE MIH BEI LÜCK JEIS DIE ALLES, WAT SE AANPÄKKE, SU ÄRCH VERSCHÄNGELEERE, DAT EINEM ANGS UN BANG WEED!
ÄVVER MINCHE...
?
GAACK!
ICH HAN DER ENDROCK, DAT UNSE KNAGGEWARIUS ALD ÖNTLICH JET EM KÖPPCHE HÄT!
DOMET WÖR EI PROBLEM US DER WELT, ASTERIX!
AGA!
DAT HEISS, HÄ SÜHT EN ÜCH ENDLICH SING ZEECHELDERE!
ASTERIX UN OBELIX! MET DER VÖRMUNDSCHAFF FÖR DAT KIND HAT EHR E SCHWER AMP ÖVVERNOMME. ALSU, SID OM KIWIF!
ICH DUN ENS TIRECK E LEED OP DIE JLÖCKLIJE FAMILLICH KUMPONEERE!
WEDDE, DAT...

HÄ ES ENJESCHLOFE! HM... ES JO NIT VILL JRÖSSER WIE E FIRKE VUN ENER WELDSAU, UN DOCH HÄT MER MET IM SU VILL JEDÖNS, DAT MER EN DÄ ZICK MIH WIE FUFFZICH HINKELSTEINCHER SCHLAGE KÜNNT.
ICH FROGE MICH BLOSS, WÄ SU EN JECKE IDEE JEHATT HÄT, DAT PÜTCHE USZOSETZE.
ICH HAN ET DOCH JESAHT, DAT KANN NOR ENE STORCH ...
HÖR MER BLOSS OP MET DINGER STÖRCH, ODER ICH VERJESSE MICH!
PSCH! DO KRISS EN SÖNS WIDDER WACKERICH, UN DANN WELL HÄ WIDDER EN KOH FÖR ZO SPILLE HAN!
JO, WANN DO EVVENS NIT ESU E DÖPPE JEWÄS WÖRS, SING MILCH EN E FLÄSCHELCHE MET MIRAKELSAFF ZO DUN!
JO, WANN MISSJÖH ASTERIX EVVENS NIT SING FLÄSCH UNJESPÖLT ERÖMLIJJE LOSSE DÄT!
SELVER FLÄSCH!
JETZ RECK ET MER ÄVVER BES AN DER HALS!
WIGGER BOVVE KÜTT BEI DEER JO OCH NIX MIH!
RABÄÄÄH!
!
7A
RABÄÄÄH!
DO HÄS DE'T! ICH HAN ET JO JEWOSS!
ICH JLÄUV, ET ES DE HÜHKSTE ZICK, DAT MER UNS OP DE SÖCK MAACHE, DE ELDERE VUN DÄM KIND ZO SÖÖKE.
UN ESU, KOOT DROP...
ASTERIX, WO SOLLE MER DANN ELDERE DRAN ERKENNE, DIE EHR EIJE BLAACH NIT KENNE WELLE?
DAT EINE STEIT FASS: DIE WECKELDÖCHER UN DECKE VUN DÄM KIND SIN US FINGBESTECKTEM STÖFFJE, SU JET JIT ET BLOSS BEI JESALVTE RÖMER-FAMILLIE.
LOSS MER ENS AANFANGE, EN DE RÖMERLAGER HE ÖM UNS DÖRP ERÖM ZE SÖÖKE.
FING! FING! FING! DO KÜTT JO RICHTICH FREUD OP! ICH DUN ESU JÄN RÖMER USPROGE!
IDEFIX, DIE ZICK ÜWER, DIE MER FOTT SIN, DEIS DO OP UNSE STROPP AACHJEVVE! FRESS ALLES, WAT IM ZO NOH KÜTT! VERSTANDE?
JA...UL!
MEINS DE, DAT KRÄCH DI KLEI HÜNGCHE JEREJELT?
JAJO DAT! HÄ KENNT SICH US, ICH HAN IM JO OCH BEIJEBRAHT, OP HINKELSTEIN OPZOPASSE!
!!!
7B

?!
AVE, JALLIER!
ICH, PRIMUS CACTUS, PRÄFEK VUN JALLIE, BEN HEHER JEKUMME FÖR ALL DIE LÜCK ZO ZÄLLE, DIE EN DÄ JEBIETE LEVVE, DENNE MER DER FRIDDE JEBRAHT HAN. OCH WIE ALT SE SIN, WAT SE DUN UN WO SE WONNE, WOLLE MER WESSE. SU JET NENNE MER EN „ERHEBUNG".
WAT ES DEER DANN, RÖMER. EHR FREMDE HAT HE IMMER NOCH NIX ZO KAMELLE!
UUSSERDÄMMEER STELLE HE DE FROGE!
DAT WÄDE MER JO SINN! LEJIONÄRE! ALLES HÖÖT OP MI KUMMANDO!
DE „ERHEBUNG" FÄNGK JO JOT AAN, WAT, ASTERIX?
GLUCK! GLUCK! GLUCK!
PATSCHACK!
SIGNA INFERRE! PRAEGE! CONCURSU! AD GLADIOS! INFESTIS PILIS!*
* AANJRIEFE! VÖRWÄRTS! EM LAUFSCHRETT! OP EN ET JEFECH MET ENJELAHTE WORFSPEESSE!
STELLJELÄJE!
POCK!
WO MER JRAD SU JOT AM FROGE SIN: SAACH, KENNS DO ZOFÄLLICH E PAAR RÖMISCHE ELDERE, DIE EHR KIND BEIM ASTERIX USJESATZ HAN?
!!!
LOSS ET BLIEVE, OBELIX! DIE SIN NIT VUN HE, DAT SÜHT MER DOCH. KUMM LEEVER MET EN ET LAGER VUN KLEINBONUM!
NO WEISS ICH JENOCH, FÖR NOH CONDATE* ZORÖCKRIGGE ZO KÜNNE!
*RENNES

MÄHT JO SPASS, ENS WIDDER OP E PAAR FRESCHE ZALDATE ZO TREFFE!
?
?
WAU! WAU! WAU! WAU!
DAT ES DOCH DIE STEMM VUM IDEFIX!
LOSS MER HOFFE, DAT DÄM KLEIN NIX PASSEET ES!
WAU! WAU! WAU! WAU!
?!
JAUUUUL! WAU!
GA!
WIE KUNNT DÄ UNS BLOSS ESU FLÖCK ENKRIJJE?
KEI WUNDER BEI DÄM QUANTUM MIRAKELSAFF, DAT HÄ NOCH EM LIEV HÄT!
SU, UN WAT MAACHE MER JETZ, ASTERIX?
JECK, MER NEMMEN EN MET! DE „ERHEBUNG" WEED SECHER VILL EINFACHER, WA' MER EN DOBEI HAN!
HIHI! AGA!
ES DER EIJENTLICH OPJEFALLE, DAT DAT FUTZEMÄNNCHE TIRECK OP MICH AAN JELAUFE KOM?
JA JO, DINGE BUCH KOM IM JO OCH BEKANNT VÖR!
ICH VERSTON NIT, WOVRAN HÄ BEI MINGEM BUCH DENKE KÜNNT.
DO ES KLEINBONUM! ALSU, HÄS DE'T BEJREFFE, OBELIX? AAN SU EN AAT „ERHEBUNG" JEIT MER JANZ HÖÖSCH MEM HÖHNERKLÄUCHE DRAN!
KAPEET! MER JÖCKEN ALSU EN DAT LAGER, SCHLON ALLES KOOT UN KLEIN UN FROGEN DANN DE LÜCK US, OHNE SE VÖR DER KOPP ZO STÜSSE.

ALARM!
KLACK!
DOLL, WIE DO ME'M HÖHNERKLÄUCHE ÖMJEIS!
KRACKS!
ÄVVER OCH ICH WEISS, WAT SICH JEHÖÖT. IH DAT ICH EREN JON, KLOPPEN ICH AAN!
HIHI! GA!
WAT WOLLT EHR EIJENTLICH?
MER SIN TIRECK WIDDER FOTT! BLOSS EN KLEIN „ERHEBUNG"!
KNUFF!
PUFF!
DAT ES DOCH KEINE JRUND, FÖR UNS KAPOTT ZO MAACHE!
KENNS DO DAT KIND HE?
ICH HAN ERER ALD VEEZEHN UNGEN EN LATIUM ZOJEJOVVE, ÄVVER ICH MÖÖT MICH ÄRCH VERDUN, WANN DAT DO OCH VUN MEER WÖR.
DOOT DOCH ENS EM LAGER LAUDANUM NOHFROGE!
ÄVVER EM LAGER LAUDANUM...
...JENAU ESU WIE EM LAGER BABAORUM KÜTT MER MET DER „ERHEBUNG" NIT VÖRAN...
DAT SOLL EN MEINUNGSÖMFROCH SIN?

* WAT ZO BEWIESE WOR!

* OCH E ARJUMENT, WAT SCHLEIT!

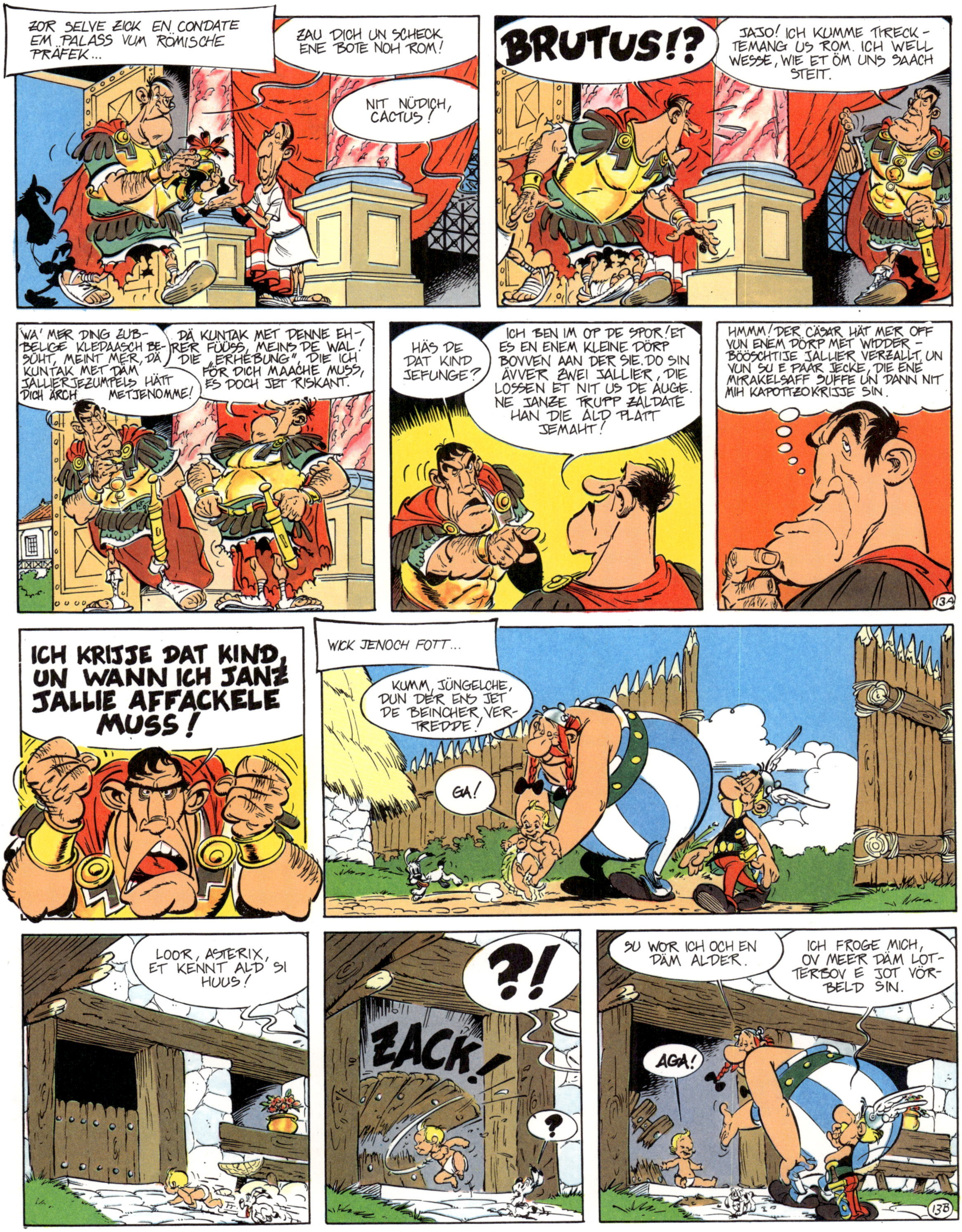

ZOR SELVE ZICK EN CONDATE EM PALASS VUM RÖMISCHE PRÄFEK...
ZAU DICH UN SCHECK ENE BOTE NOH ROM!
NIT NÜDICH, CACTUS!
BRUTUS!?
JAJO! ICH KUMME TIRECKTEMANG US ROM. ICH WELL WESSE, WIE ET ÖM UNS SAACH STEIT.
WA' MER DING ZUBBELIGE KLEDAASCH BESÜHT, MEINT MER, DÄ KUNTAK MET DÄM JALLIERJEZUMPELS HÄTT DICH ÄRCH METJENOMME!
DÄ KUNTAK MET DENNE EHRER FÜÜSS, MEINS DE WAL! DIE „ERHEBUNG", DIE ICH FÖR DICH MAACHE MUSS, ES DOCH JET RISKANT.
HÄS DE DAT KIND JEFUNGE?
ICH BEN IM OP DE SPOR! ET ES EN ENEM KLEINE DÖRP BOVVEN AAN DER SIE. DO SIN ÄVVER ZWEI JALLIER, DIE LOSSEN ET NIT US DE AUGE. NE JANZE TRUPP ZALDATE HAN DIE ALD PLATT JEMAHT!
HMMM! DER CÄSAR HÄT MER OFF VUN ENEM DÖRP MET WIDDERBÖÖSCHTIJE JALLIER VERZALLT, UN VUN SU E PAAR JECKE, DIE ENE MIRAKELSAFF SUFFE UN DANN NIT MIH KAPOTTZOKRIJJE SIN.
13A
ICH KRIJJE DAT KIND, UN WANN ICH JANZ JALLIE AFFACKELE MUSS!
WICK JENOCH FOTT...
KUMM, JÜNGELCHE, DUN DER ENS JET DE BEINCHER VERTREDDE!
GA!
LOOR, ASTERIX, ET KENNT ALD SI HUUS!
?!
ZACK!
?
SU WOR ICH OCH EN DÄM ALDER.
ICH FROGE MICH, OV MEER DÄM LOTTERBOV E JOT VÖRBELD SIN.
AGA!
13B

SPÄDER …
DE DÖR ES REPAREET, DAT LECKSPÖNCHE ES AM SCHLOFE, UN DER IDEFIX JIT OP EN AACH. JETZ KÜNNTE MER DÄM MAJESTIX, UNSEM BAAS, VERZÄLLE, WAT SU ALLES JELAUFEN ES.
EESCH MUSS ICH NOCH DÄM APPENDIX NE HINKELSTEIN LIVVERE!
HÄT DAT DANN KEIN ZICK?
MING HINKELSTEIN SIN LUUTER DAUFRESCH; DIE HALDE JARANTEET BES DAT SE ÖMFALLE!
...DE RÖMER WESSEN ALSU, DAT DAT STÜMPCHE HE ES. UN BEI DÄM JEDÖNS, DAT SE ÖM DIE ZÄLLEREI MAACHE, KÜNNT MER MEINE, DAT SE E BEDRESSJE VÖRHAN.
EIN ANTWOOT HAN MER ÄVVER IMMER NOCH NIT: WORÖM HAN SE DAT KIND JRAD EN UNSEM DÖRP USJESATZ?
ICH JLÄUV, ICH WEISS DE ANTWOOT!
ET WEED WAL ESU SIN, DAT DAT KIND VÖR DE RÖMER EN AACH JENOMME WÄDE SOLL. UN WO JEIT DAT BESSER WIE EN UNSEM DÖRP? HE KÜTT DOCH KEINE RÖMER EREN!
14A
KA-WUMM!
?
?
DO, ASTERIX, WO ICH JRAD NOH'M APPENDIX JON, SOLL ICH DER EN KOH METBRENGE, DAT DAT FUTZEMÄNNCHE JET ZWESCHE DE FELJE KRITT?
OBELIX, MINGE LEEVE JUNG, WANN DO BEI MICH KÜSS, WÖR ET MER RÄÄCH, DO DÄTS DINGE HINKELSTEIN VÖR DER DÖR LOSSE!
ÄVVER BAAS, NE HINKELSTEIN KA 'MER EM HUUS UN OP DER STROOSS DRAGE!
UUSSER, DE DÖR ES ZO KLEIN, UN HÄ JEIT NIT DURCH, DO BLÖTSCHKOPP !!!
14B

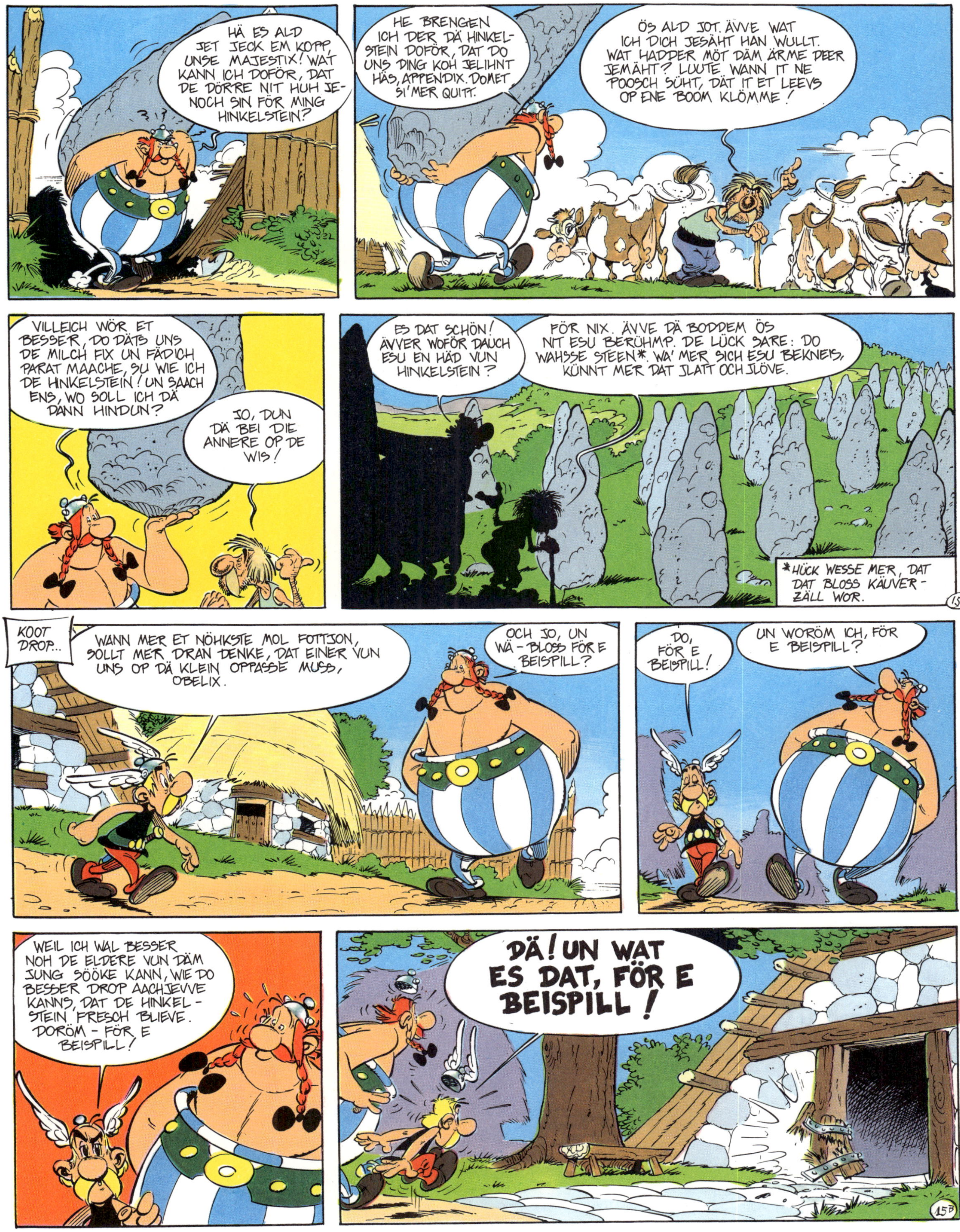

HÄ ES ALD JET JECK EM KOPP, UNSE MAJESTIX! WAT KANN ICH DOFÖR, DAT DE DÖRRE NIT HUH JENOCH SIN FÖR MING HINKELSTEIN?
HE BRENGEN ICH DER DÄ HINKELSTEIN DOFÖR, DAT DO UNS DING KOH JELIHNT HÄS, APPENDIX. DOMET SI'MER QUITT.
ÖS ALD JOT. ÄVVE WAT ICH DICH JESÄHT HAN WULLT. WAT HADDER MÖT DÄM ÄRME DEER JEMÄHT? LUUTE WANN IT NE POOSCH SÜHT, DÄT IT ET LEEVS OP ENE BOOM KLÖMME!
VILLEICH WÖR ET BESSER, DO DÄTS UNS DE MILCH FIX UN FÄDICH PARAT MAACHE, SU WIE ICH DE HINKELSTEIN! UN SAACH ENS, WO SOLL ICH DÄ DANN HINDUN?
JO, DUN DÄ BEI DIE ANNERE OP DE WIS!
ES DAT SCHÖN! ÄVVER WOFÖR DAUCH ESU EN HÄD VUN HINKELSTEIN?
FÖR NIX. ÄVVE DÄ BODDEM ÖS NIT ESU BERÜHMP. DE LÜCK SARE: DO WAHSSE STEEN*. WA' MER SICH ESU BEKNEIS, KÜNNT MER DAT JLATT OCH JLÖVE.
*HÜCK WESSE MER, DAT DAT BLOSS KÄUVERZÄLL WOR.
15A
KOOT DROP...
WANN MER ET NÖHKSTE MOL FOTTJON, SOLLT MER DRAN DENKE, DAT EINER VUN UNS OP DÄ KLEIN OPPASSE MUSS, OBELIX.
OCH JO, UN WÄ - BLOSS FÖR E BEISPILL?
DO, FÖR E BEISPILL!
UN WORÖM ICH, FÖR E BEISPILL?
WEIL ICH WAL BESSER NOH DE ELDERE VUN DÄM JUNG SÖÖKE KANN, WIE DO BESSER DROP AACHJEVVE KANNS, DAT DE HINKELSTEIN FRESCH BLIEVE. DORÖM - FÖR E BEISPILL!
DÄ! UN WAT ES DAT, FÖR E BEISPILL!
15B

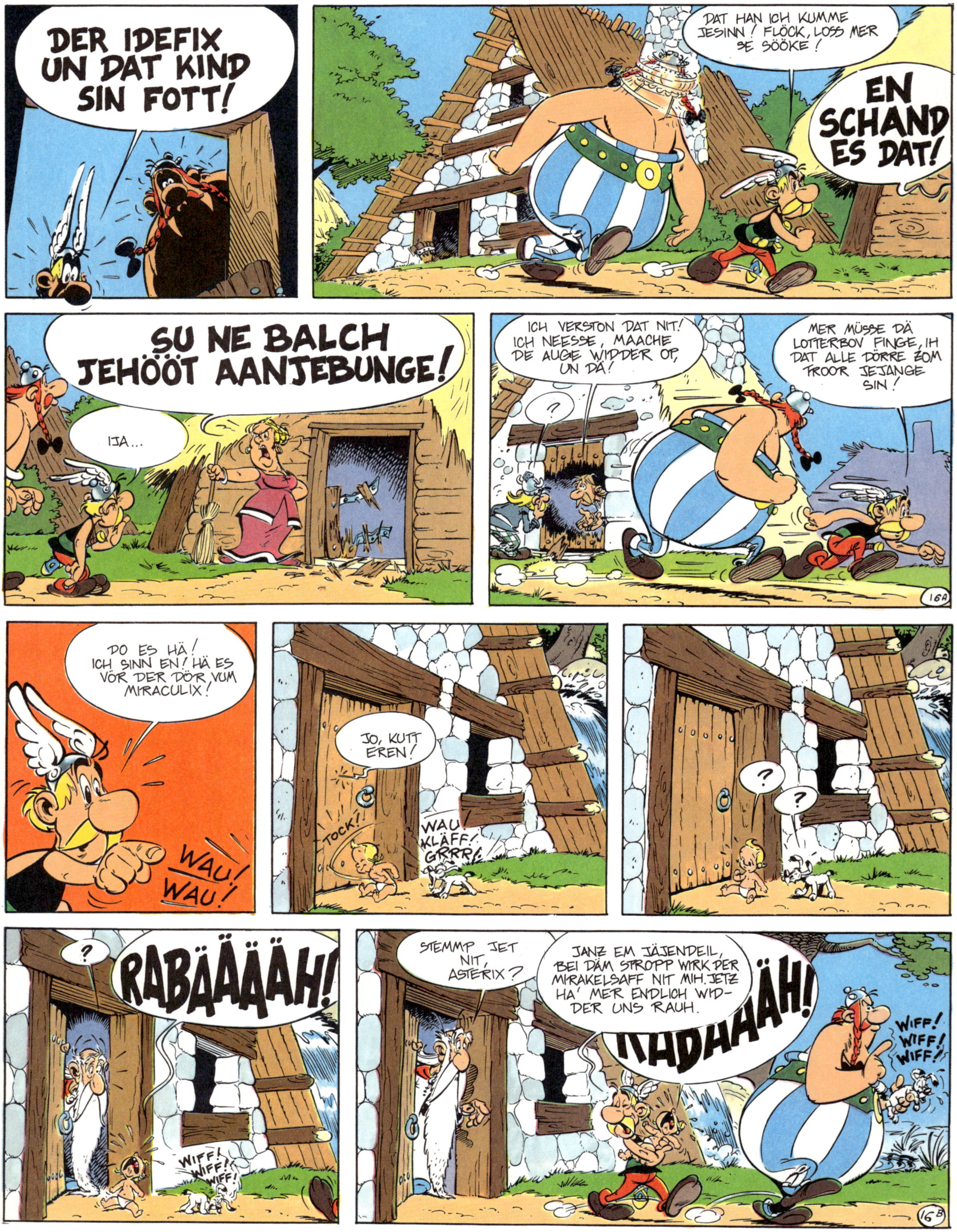
DER IDEFIX UN DAT KIND SIN FOTT!
DAT HAN ICH KUMME JESINN! FLÖCK, LOSS MER SE SÖÖKE!
EN SCHAND ES DAT!
SU NE BALCH JEHÖÖT AANJEBUNGE!
IJA...
ICH VERSTON DAT NIT! ICH NEESSE, MAACHE DE AUGE WIDDER OP, UN DÄ!
?
MER MÜSSE DÄ LOTTERBOV FINGE, IH DAT ALLE DÖRRE ZOM TROOR JEJANGE SIN!
16A
DO ES HÄ! ICH SINN EN! HÄ ES VÖR DER DÖR VUM MIRACULIX!
WAU! WAU!
JO, KUTT EREN!
TOCK!
WAU KLÄFF! GRRR!
? ?
?
RABÄÄÄÄH!
WIFF! WIFF! WIFF!
STEMMP JET NIT, ASTERIX?
JANZ EM JÄJENDEIL, BEI DÄM STROPP WIRK DER MIRAKELSAFF NIT MIH. JETZ HA' MER ENDLICH WIDDER UNS RAUH.
WIFF! WIFF! WIFF!
16B

ÄVVER EN CONDATE...
JETZ KENNS DE DAT SCHLEMME JEHEIMNIS ÖM DE JEBORT VUN DÄM KIND, CACTUS.
UN DO KENNS OCH DAT NOCH SCHLEMMERE JEHEIMNIS VUN DÄM, WAT ICH VÖRHAN. WAACH ET DICH BLOSS NIT, DE SCHNÜSS ZE SCHWADE!
ICH? DICH VERRODE? SAACH, HÖÖR ENS... SINN ICH US WIE NE LINKE PUCKEL?
EJA! ÄVVER WAT SOLL ICH MAACHE? WANN DO DEIS, WAT ICH WELL, KÜNNTE MER JET KLÜNGELE. DO KRISS DAT PÖSSJE EM SENAT, WO DO ALD LANG JECK DROP BES.
WANN ICH ET NIT ALD JEDON HÄTT, DÄT ICH VATTER UN MÜTTER VERKAUFE, BLOSS FÖR DEER ZO HELFE, O BRUTUS, DO SON VUM CÄSAR!
BLOSS AANJENOMME SON! ET EINZIJE, WAT ICH VUN DER WELL, ES, MER DÄ DRECKELIJE PANZ ZO BRENGE!
DO WÖSS ICH ALD JET!
FLOPP!
RABÄÄÄH!
SAACH ENS, ASTERIX, WIE WÖR ET, WANN ICH IM NOR E KLEI DRÖPPCHE VUM MIRAKELSAFF JÖV? E STÖÖZJE VILLEICH...
ENÄÄÄ! EHR ZWEI HATT ALD JENOCH STÖÖZ JEMAHT!
ES ALD JOT! ICH HAN VERSTANDE! KUMM, IDEFIX, SCHLEESSLICH SI'MER HE JO NIT DOHEIM!
RABÄÄÄH!
!
RABÄÄH!
DO LIET DÄ MICH DOCH MET DÄM BRÖLLES EM RÄHN STON! HÄT DÄ SE NOCH ALL OP DER REIH, DER MISJÖH OBELIX?

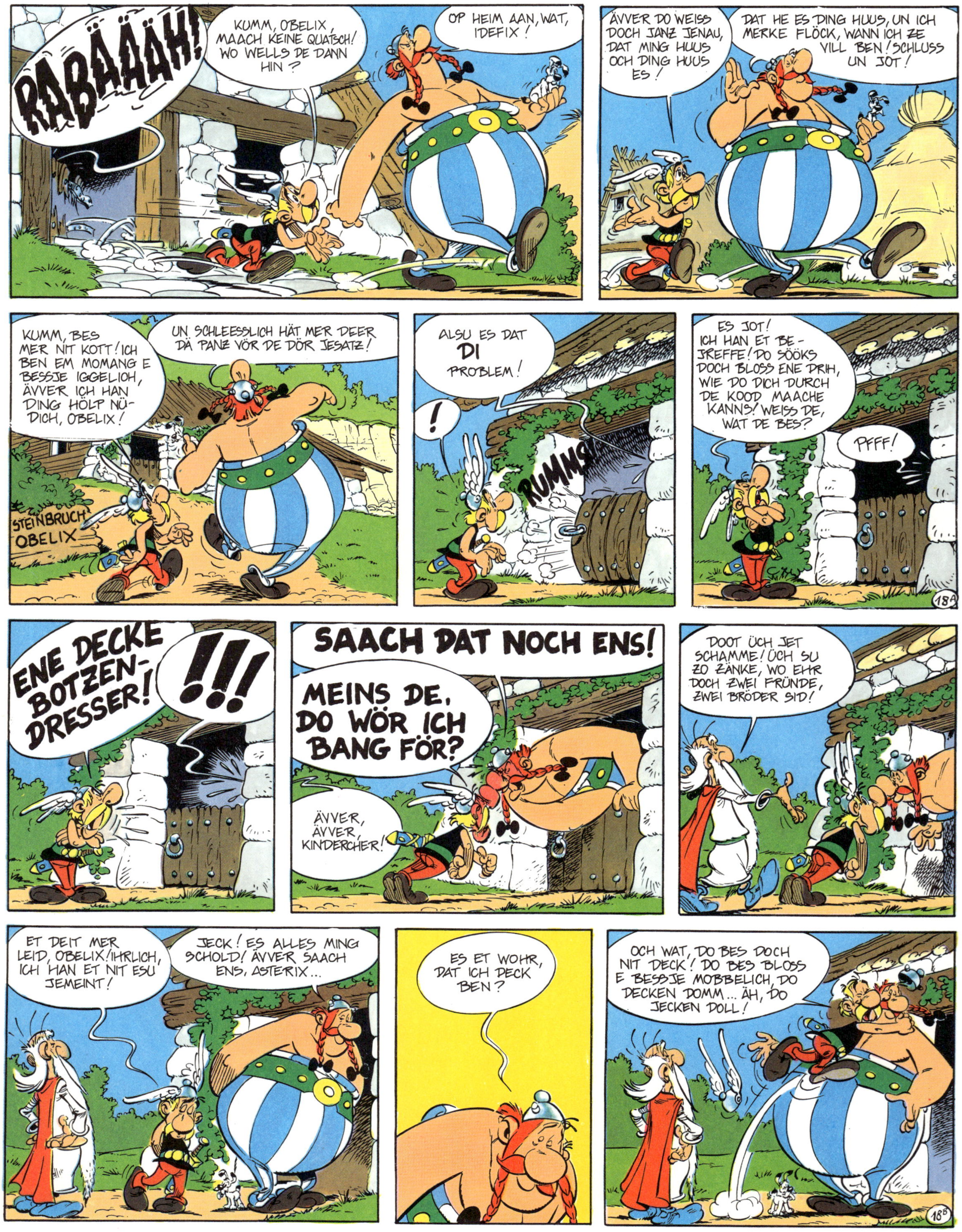
RABÄÄÄH!
KUMM, OBELIX, MAACH KEINE QUATSCH! WO WELLS DE DANN HIN?
OP HEIM AAN, WAT, IDEFIX!
ÄVVER DO WEISS DOCH JANZ JENAU, DAT MING HUUS OCH DING HUUS ES!
DAT HE ES DING HUUS, UN ICH MERKE FLÖCK, WANN ICH ZE VILL BEN! SCHLUSS UN JOT!
KUMM, BES MER NIT KOTT! ICH BEN EM MOMANG E BESSJE IGGELICH, ÄVVER ICH HAN DING HÖLP NÜDICH, OBELIX!
UN SCHLEESSLICH HÄT MER DEER DÄ PANZ VÖR DE DÖR JESATZ!
STEINBRUCH OBELIX
ALSU ES DAT DI PROBLEM!
!
RUMMS!
ES JOT! ICH HAN ET BEJREFFE! DO SÖÖKS DOCH BLOSS ENE DRIH, WIE DO DICH DURCH DE KOOD MAACHE KANNS! WEISS DE, WAT DE BES?
PFFF!
18A
ENE DECKE BOTZENDRESSER!
!!!
SAACH DAT NOCH ENS!
MEINS DE. DO WÖR ICH BANG FÖR?
ÄVVER, ÄVVER, KINDERCHER!
DOOT ÜCH JET SCHAMME! ÜCH SU ZO ZÄNKE, WO EHR DOCH ZWEI FRÜNDE, ZWEI BRÖDER SID!
ET DEIT MER LEID, OBELIX! IHRLICH, ICH HAN ET NIT ESU JEMEINT!
JECK! ES ALLES MING SCHOLD! ÄVVER SAACH ENS, ASTERIX...
ES ET WOHR, DAT ICH DECK BEN?
OCH WAT, DO BES DOCH NIT DECK! DO BES BLOSS E BESSJE MOBBELICH, DO DECKEN DOMM... ÄH, DO JECKEN DOLL!
18B

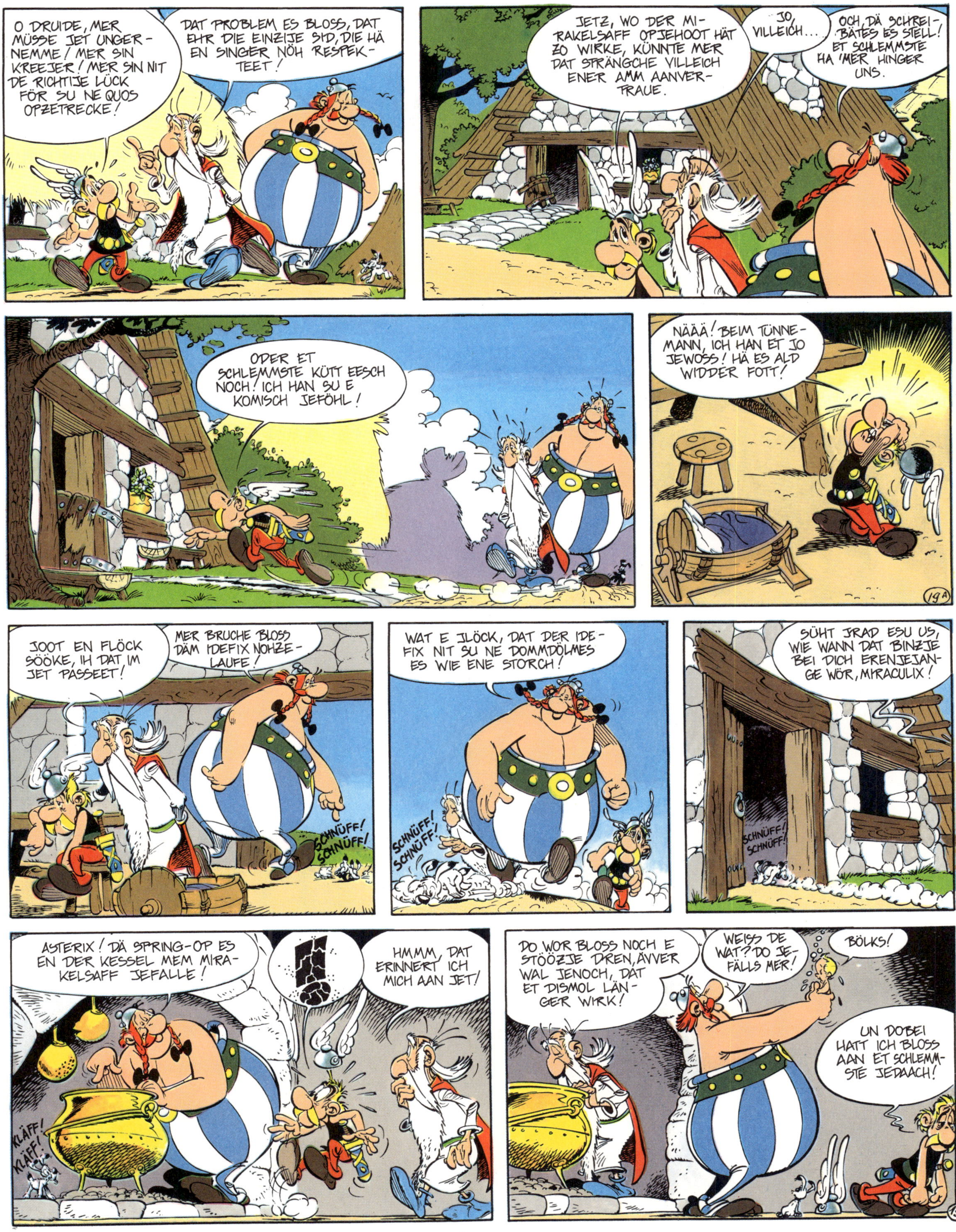
O DRUIDE, MER MÜSSE JET UNGERNEMME! MER SIN KREEJER! MER SIN NIT DE RICHTIJE LÜCK FÖR SU NE QUOS OPZETRECKE!
DAT PROBLEM ES BLOSS, DAT EHR DIE EINZIJE SID, DIE HÄ EN SINGER NÖH RESPEKTEET!
JETZ, WO DER MIRAKELSAFF OPJEHOOT HÄT ZO WIRKE, KÜNNTE MER DAT STRÄNGCHE VILLEICH ENER AMM AANVERTRAUE.
JO, VILLEICH...
OCH, DÄ SCHREIBÄTES ES STELL! ET SCHLEMMSTE HA 'MER HINGER UNS.
ODER ET SCHLEMMSTE KÜTT EESCH NOCH! ICH HAN SU E KOMISCH JEFÖHL!
NÄÄÄ! BEIM TÜNNEMANN, ICH HAN ET JO JEWOSS! HÄ ES ALD WIDDER FOTT!
19A
JOOT EN FLÖCK SÖÖKE, IH DAT IM JET PASSEET!
MER BRUCHE BLOSS DÄM IDEFIX NOHZELAUFE!
SCHNÜFF! SCHNÜFF!
WAT E JLÖCK, DAT DER IDEFIX NIT SU NE DOMMDÖLMES ES WIE ENE STORCH!
SCHNÜFF! SCHNÜFF!
SÜHT JRAD ESU US, WIE WANN DAT BINZJE BEI DICH ERENJEJANGE WÖR, MIRACULIX!
SCHNÜFF! SCHNÜFF!
ASTERIX! DÄ SPRING-OP ES EN DER KESSEL MEM MIRAKELSAFF JEFALLE!
HMMM, DAT ERINNERT ICH MICH AAN JET!
KLÄFF! KLÄFF!
DO WOR BLOSS NOCH E STÖÖZJE DREN, ÄVVER WAL JENOCH, DAT ET DISMOL LÄNGER WIRK!
WEISS DE WAT? DO JEFÄLLS MER!
BÖLKS!
UN DOBEI HATT ICH BLOSS AAN ET SCHLEMMSTE JEDAACH!
19B

DERWIEL, NIT WICK VUM DÖRP...
WA'MER ALD E LAGER EN DER NÖH VUN DÄ WIDDERBÖÖSCHTIJE OPSCHLAGE MÜSSE, WOFÖR DANN NIT EN EINEM VUN DENNE LAGER RUNDSERÖM ÖM EHR DÖRP, MARCUS JUNIUS BRUTUS?
DER CÄSAR KÜNNT DAT SPETZ KRIJJE, UN ET DÄT MER NIT EN DER KROM PASSE, WANN HÄ SICH FROGE DÄT, WORÖM ICH HE EN AREMORICA BEN.
HALT! HE SCHLAGE MER DAT LAGER OP!
NO KÜNNE MER WIDDER ENS SINN, WIE BEI DER RÖMISCHE ARMEE ALLES WIE AM SCHNÜRCHE FLUPP. DERWIEL DE WÖHLMÜÜS DE FOSSA (DER JRAVE) USHEVVE UN DER AGGER (DER WALL) OPSCHEPPE...
...SCHLAGE DE HOLZWÜRM DE ARBORES (DE BÄUM) ÖM...
...DIE DE ZEMMERLÜCK FÖR DER VALLUM (DE BRITZ) BRUCHE.
WIE DAT LAGER AM ENGK FÄDICH ES, TRECKEN DER JENERAL UN SING ZALDATE MET ZINGBUM DO EN. ESU ZEIJEN SE DER WELT, DAT DE RÖMISCHE ARMEE MET EHRER ZUCH UN ODENUNG DE BESTE ES, DIE ET JIT.
?
OVSCHÜNS, MÄNCHMOL...
WAS ES DAT DANN DO?
MI ZELT! ICH KANN DAT SCHNORKSE VUN MINGE BETTNOHBERE NIT VERDRAGE!

DAT, BRUTUS, ES DER LEJIONÄR DÖTSCHEMANUS, VUN DÄM ICH DER VERZALLT HAN.
WOHER WEISS DE, DAT MER ENE PANZ AM SÖÖKE SIN?
ICH HAN SUZESAGE JEHOOT, WIE DÄ PRÄFEK MET DÄM ZENTURIO VUM LAGER AQUARIUM DOVUN JESCHWAD HÄT, UN ET HÄDDEN NIT VILL JEFÄHLT, UN ICH HÄDDEN SUZESAGE, HÄDDEN ICH ÜCH DÄ BALCH JEBRAHT, JENERAL!
BONG!
UN WAT ES DER DOZWESCHE JEKUMME?
DAT BLACH VERDAMMP! ET HÄT MICH MET ENEM RÄSPELCHE VERWÄHSSELT, SUZESAGE. UN ET HÄT MICH ÜVVER SINGEM KOPP ERÖMJETIRVELT, SUZESAGE, JENERAL!
DINGE LEJIONÄR KÜTT MER VÖR, WIE WANN HÄ EINE FÖR ET CASSIS* KRÄJE HÄTT!
DÄ ES E BESSJE JEFLAPP, ÄVVER MER KÜNNTEN IN OCH JOT BRUCHE!
* ÄÄPELSCHONER, HELM
JOT, WANN DAT KIND JECK OP RÄSPELCHER ES, DANN DEIS DE IM E PAAR BRENGE, DÖTSCHEMANUS! DO DEIS DICH ALS JALLISCHE JÄNGELER USSTAFFEERE UN JEIS EN DAT DÖRP VUN DÄ WIDDERBÖÖSCHTIJE! DO SOLLT ET FÖR DICH NIT SCHWER SIN, DÄ PANZ ZE PACKE UN BEI UNS ZE BRENGE!
WANN DE DAT MÄHS UN ET FLUPP, MAACHEN ICH US DEER ENEN OPTIO!
UN WANN ICH NÄ SAGE, SUZESAGE?
21 A
DANN WEES DE SOORBRODE FÖR DE LÖWE EN DER ARENA, SUZESAGE!
SPÄDER...
HÄS DE DAT SCHILD NIT JELESE? KÖTTER UN JÄNGELER HAN HE EM LAGER NIX ZE SÖÖKE!
POCK!
DE KLEDAASCH ES PERFECK. SUJAR DER WÄÄCHTER HÄT SICH TÜTE LOSSE.
WANN ICH DRAN DENKE, DAT ICH WÄJEN DÄM STAATSE KAMESOL ZALDAT JEWOODE BEN, SUZESAGE!
UN NOCH E BESSJE SPÄDER AM ENJANG VUM ASTERIX SINGEM DÖRP...
KLÄTSCH!
MAACH DICH FOTT! KÖTTER UN JÄNGELER HAN HE EM DÖRP NIX ZE SÖÖKE!
21 B

ALSU JAL..., ALSU FRÜND! ICH WELL SUZESAGE NÜMMES STÖRE. ICH VERKLOPPE BLOSS RÄSPELCHER FÖR KLEIN SPILLRÄTZ!
HÄS DE RÄSPELCHER JESAHT?
DANN ES ET JET ANDERES! JANGK ENS BEI DER ASTERIX, DÄ WEED FREUD DRAN HAN, DEER EIN OV E PAAR MIH AFZEKAUFE!
SING HÖTT ES LEICH ZE FINGE. ET ES DIE, WO DE POOZ ENJESCHLAGE ES.
BEN ICH HE RICHTIG BEIM ASTERIX?
ENÄ, DÄ WONNT JET WIGGER VÖRE!
TOCK! TOCK!
ES DAT HE BEIM ASTERIX?
ENÄ, DÄ WOHNT JET WIGGER VÖRE!
TOCK! TOCK! TOCK!
WONNT DER ASTERIX JET WIGGER VÖRE?
ENÄ, DÄ WONNT HE!
22A
WÄ BES DE UN WAT WELLS DE VUN MEER, FREMBCHE?
ICH HEISSE DÖTSCHEMANUS...IX UN BEN NE JÄNGELER, SUZESAGE. MER HAN SE JESAHT, DO BRÖHTS E RÄSPELCHE.
RABÄÄÄH
WANN E DANN RAUH JIT, KAUFEN ICH DER DÄ JANZE PÜNGEL AF.
RABÄÄ
DE PÄNZ SIN KNATSCHVERDÖTSCH OP MING RÄSPELCHER, SUZESAGE. WEES DE JO SINN!
EITEITEITEI! JO, WÄ WEED DANN SI SPÄSSJE HAN AAN DÄM RÄSPELCHE VUM OHM DÖTSCHEMANIX?
RASSEL! RASSEL! RASSEL!
?
HILFE!
RASSEL! RASSEL!
HIHIHI! AGA!
JO UN? HÄ MAACH NO ENS LEEVER RÄSPELCHESJÄNGELER WIE JÄNGELERRÄSPELCHER DAT ES ENS ESU!
RASSEL!
RASSEL!
RASSEL!
22B

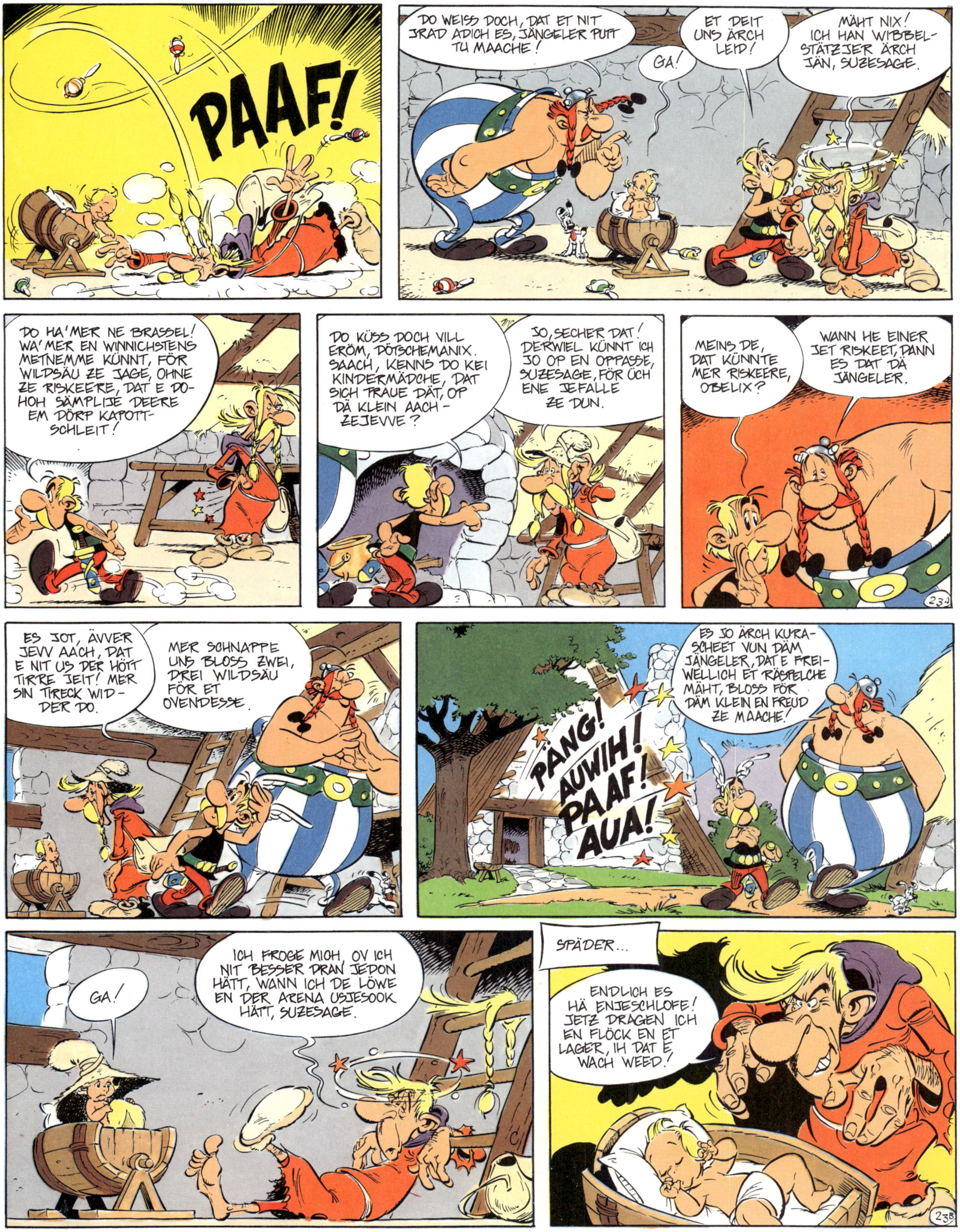
PAAF!
DO WEISS DOCH, DAT ET NIT JRAD ADICH ES, JÄNGELER PUTT TU MAACHE!
GA!
ET DEIT UNS ÄRCH LEID!
MÄHT NIX! ICH HAN WIBBEL-STÄTZJER ÄRCH JÄN, SUZESAGE.
DO HA'MER NE BRASSEL! WA'MER EN WINNICHSTENS METNEMME KÜNNT, FÖR WILDSÄU ZE JAGE, OHNE ZE RISKEERE, DAT E DO-HOH SÄMPLIJE DEERE EM DÖRP KAPOTT-SCHLEIT!
DO KÜSS DOCH VILL ERÖM, DÖTSCHEMANIX. SAACH, KENNS DO KEI KINDERMÄDCHE, DAT SICH TRAUE DÄT, OP DÄ KLEIN AACH-ZEJEVVE?
JO, SECHER DAT! DERWIEL KÜNNT ICH JO OP EN OPPASSE, SUZESAGE, FÖR ÜCH ENE JEFALLE ZE DUN.
MEINS DE, DAT KÜNNTE MER RISKEERE, OBELIX?
WANN HE EINER JET RISKEET, DANN ES DAT DÄ JÄNGELER.
ES JOT, ÄVVER JEVV AACH, DAT E NIT US DER HÖTT TIRRE JEIT! MER SIN TIRECK WID-DER DO.
MER SCHNAPPE UNS BLOSS ZWEI, DREI WILDSÄU FÖR ET OVENDESSE.
ES JO ÄRCH KURA-SCHEET VUN DÄM JÄNGELER, DAT E FREI-WELLICH ET RÄSPELCHE MÄHT, BLOSS FÖR DÄM KLEIN EN FREUD ZE MAACHE!
PANG! AUWIH! PAAF! AUA!
GA!
ICH FROGE MICH, OV ICH NIT BESSER DRAN JEDON HÄTT, WANN ICH DE LÖWE EN DER ARENA USJESOOK HÄTT, SUZESAGE.
SPÄDER...
ENDLICH ES HÄ ENJESCHLOFE! JETZ DRAGEN ICH EN FLÖCK EN ET LAGER, IH DAT E WACH WEED!

AGA!
!
OCH ENÄ! JETZ JEIT DAT SPILL ALD WIDDER LOSS!
DRIESS JET DROP! ICH MAACH MICH DURCH DE KOOD!
WAT ES DAT DANN? DÄ KÜTT MER JO NOH!
MAAAAMIIIII!
?
HÖLLLEP!
UAAAH!
HALT! ICH HAN DOCH JESAHT, KÖTTER UN JÄNGELER HAN HE EM LAGER NIX...
...ZE SÖÖKE!
PAAF!

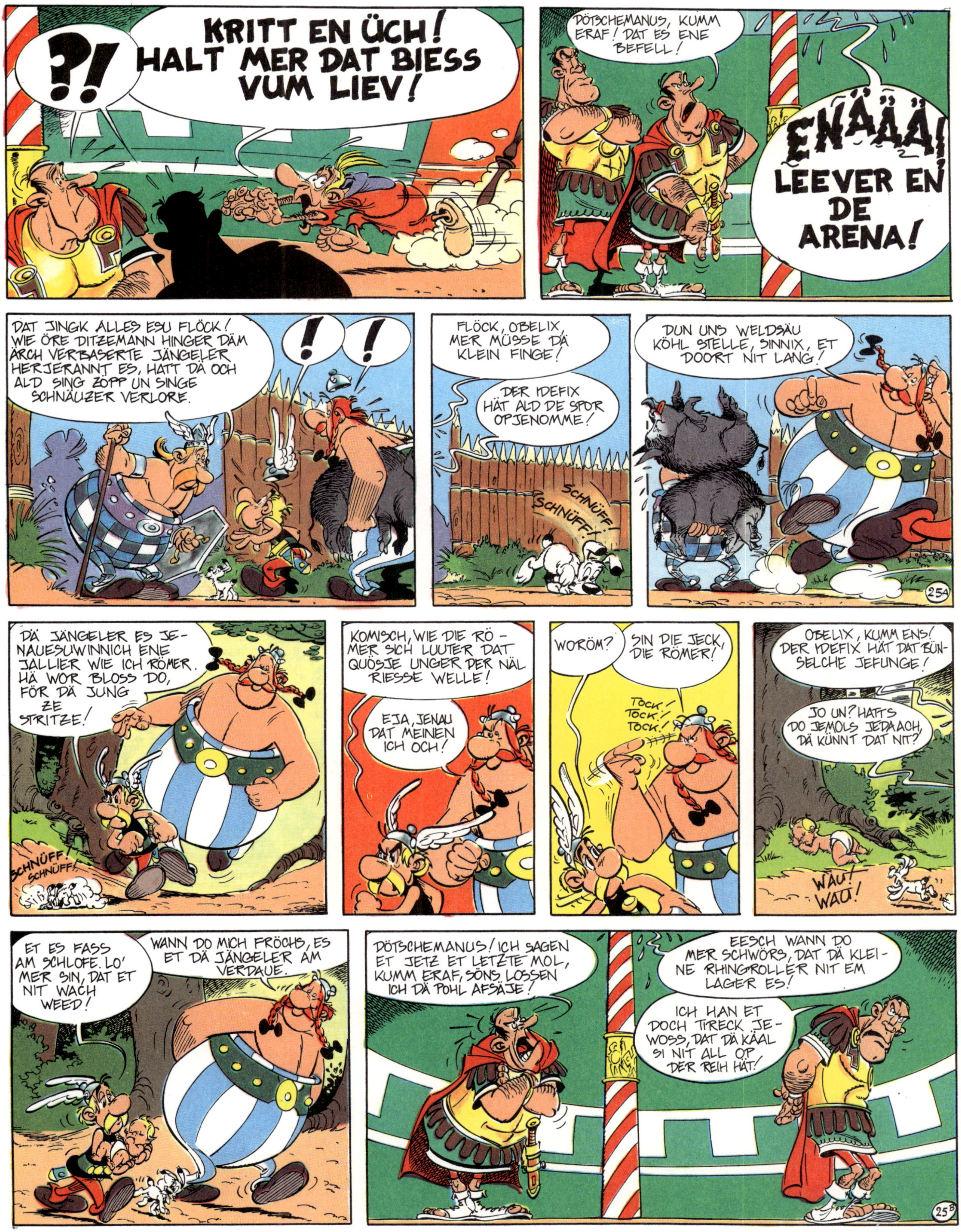
?!
KRITT EN ÜCH! HALT MER DAT BIESS VUM LIEV!
DÖTSCHEMANUS, KUMM ERAF! DAT ES ENE BEFELL!
ENÄÄÄ! LEEVER EN DE ARENA!
DAT JINGK ALLES ESU FLÖCK! WIE ÖRE DITZEMANN HINGER DÄM ÄRCH VERBASERTE JÄNGELER HERJERANNT ES, HATT DÄ OCH ALD SING ZÖPP UN SINGE SCHNÄUZER VERLORE.
!
!
FLÖCK, OBELIX, MER MÜSSE DÄ KLEIN FINGE!
DER IDEFIX HÄT ALD DE SPOR OPJENOMME!
SCHNÜFF SCHNÜFF!
DUN UNS WELDSÄU KÖHL STELLE, SINNIX, ET DOORT NIT LANG!
25A
DÄ JÄNGELER ES JENAUESUWINNICH ENE JALLIER WIE ICH RÖMER. HÄ WOR BLOSS DO, FÖR DÄ JUNG ZE STRITZE!
SCHNÜFF! SCHNÜFF!
KOMISCH, WIE DIE RÖMER SICH LUUTER DAT QUÖSJE UNGER DER NÄL RIESSE WELLE!
EJA, JENAU DAT MEINEN ICH OCH!
WORÖM?
SIN DIE JECK, DIE RÖMER!
TOCK! TOCK! TOCK!
OBELIX, KUMM ENS! DER IDEFIX HÄT DAT BÜNSELCHE JEFUNGE!
JO UN? HATTS DO JEMOLS JEDAACH, DÄ KÜNNT DAT NIT?
WAU! WAU!
ET ES FASS AM SCHLOFE. LO' MER SIN, DAT ET NIT WACH WEED!
WANN DO MICH FRÖCHS, ES ET DÄ JÄNGELER AM VERDAUE.
DÖTSCHEMANUS! ICH SAGEN ET JETZ ET LETZTE MOL, KUMM ERAF, SÖNS LOSSEN ICH DÄ POHL AFSÄJE!
EESCH WANN DO MER SCHWÖRS, DAT DÄ KLEINE RHINGROLLER NIT EM LAGER ES!
ICH HAN ET DOCH TIRECK JEWOSS, DAT DÄ KÄAL SI NIT ALL OP DER REIH HÄT!
25B

KUMM, DRINK DER EINE, DAT DE WIDDER OP DE BEIN KÜSS, UN DANN VERZÄLL ENS.
DE JALLIER DÄTE SICH SUZESAGE OP MICH VERLOSSE UN LEETE MICH OP DAT KIND OPPASSE ...
WIE SE ENS FOTT WORE, WOLLT ICH MET DÄM KIND AFHAUE, ÄVVER DÄ FETZ HÄT JET EN DE MAUE, SUZESAGE WIE NE RHINGROLLER. UN JEDESMOL, WANN E MICH SÜHT - DAT ES WAL EN FIXE IDEE - NEMMP E MICH ALS RÄSPELCHE.
DÄ, JETZ WEED HÄ ALD WIDDER JECK!
EM JALLISCHE DÖRP WÄDEN SE OCH NIT MET IM FÄDICH. DER ASTERIX HÄT MICH SUJAR SELVER JEFROCH, OV ICH NIT EN STAATSE AMM KENNE DÄT, DIE FÖR NIX BANG ES.
SÜCH ENS AAN!
ICH JLÄUVE, ICH HAN ET ECH VERDEENT, NEN OPTIO ZE WÄÄDE!
DO HÄS ET NIT JEPACK! ALSU BES FRUH, DAT DE NIT OP DE FODERKAAT VUN DENNE LÖWE EN DER ARENA KÜSS!
ICH HAN DAT LAND HE NIT JEKANNT, ÄVVER DAT KENNELIHRE VUN DÄM AREMORICA WÄÄDEN ICH SUZESAGE SU FLÖCK NIT VERJESSE.
DIE SAACH MET DER AMM BRENGK MICH OP EN IDEE. WAT SCHECKE MER NIT SELVER EIN EN DAT JALLISCHE DÖRP?
WEIL ET SUJET EN UNSEM KNUBBEL NIT JIT!
PAFF!
ENDOCH ...DICH!
WAT, MICH?
ÜVVERLÄCH DOCH ENS, CACTUS! DÄ ANDERE JECK KRITT DOCH BEI DE JALLIER KEI BEIN MIH OP DE ÄÄD UN BES OP UNS ZWEI DARF KEI MINSCH JET VUN UNSEM JEHEIMNIS WESSE. UN WANN DER WIRKLICH JET AAN DÄM SENATOREPÖSSJE LITT...
VERSPRECH MER WINNICHSTENS, DAT KEINER JET DOVUN METKRITT!
SPÄDER ...
SALVE, LECKERCHE, WONNS DE NOCH BEI DINGER ELDERE?
SCNAAF!
BEIM JUPP-PITTER, DAT FRAUMINF HÄT ET ÄÄVER FUUFDECK HINGER DE UHRE!
ET FLUPP! SUJAR DE WAACH HÄT SICH TÜTE LOSSE!

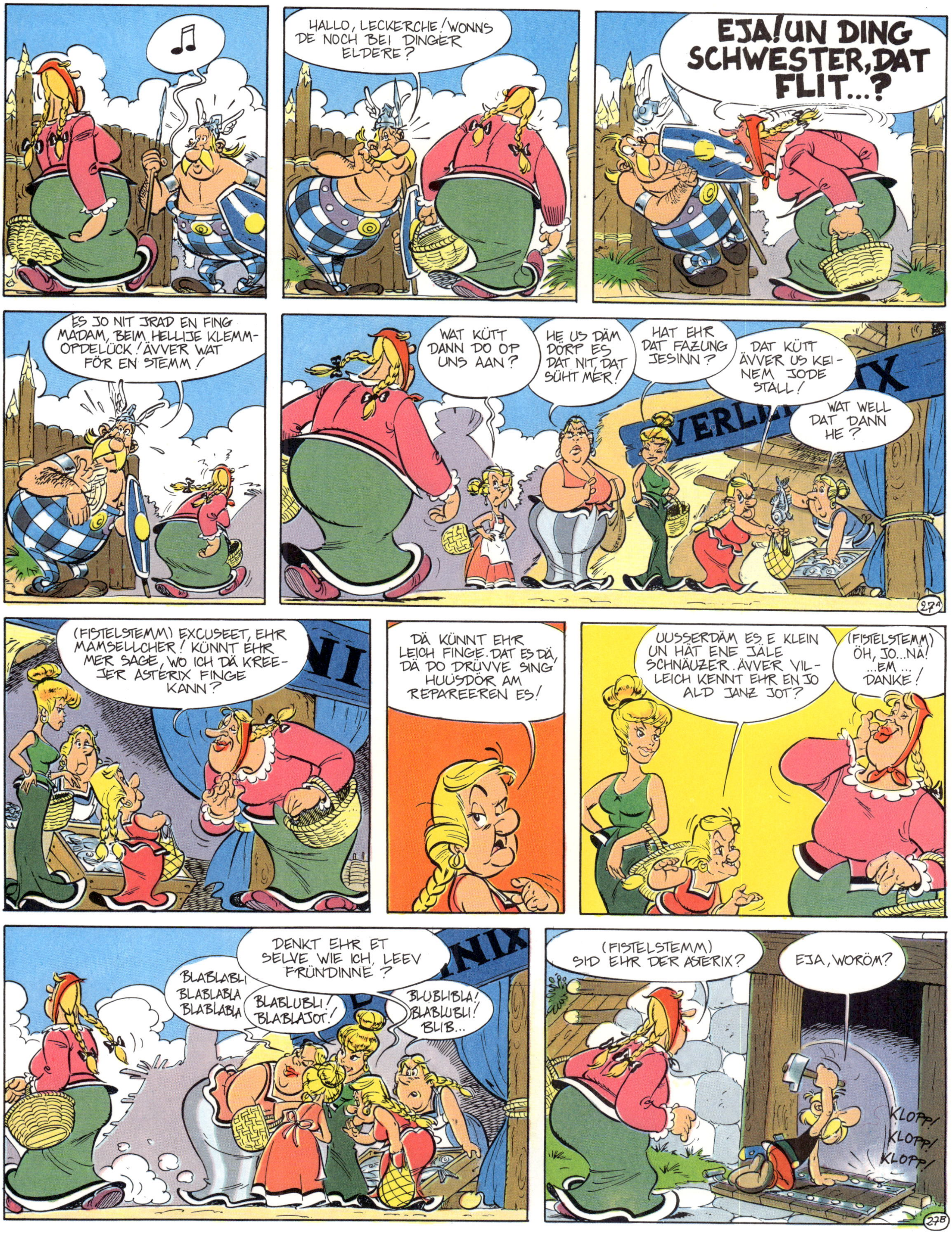
HALLO, LECKERCHE! WONNS DE NOCH BEI DINGER ELDERE?
EJA! UN DING SCHWESTER, DAT FLIT...?
ES JO NIT JRAD EN FING MADAM, BEIM HELLIJE KLEMM-OPDELÜCK! ÄVVER WAT FÖR EN STEMM!
WAT KÜTT DANN DO OP UNS AAN?
HE US DÄM DÖRP ES DAT NIT, DAT SÜHT MER!
HAT EHR DAT FAZUNG JESINN?
DAT KÜTT ÄVVER US KEI-NEM JODE STALL!
WAT WELL DAT DANN HE?
27A
(FISTELSTEMM) EXCUSEET, EHR MAMSELLCHER! KÜNNT EHR MER SAGE, WO ICH DÄ KREE-JER ASTERIX FINGE KANN?
DÄ KÜNNT EHR LEICH FINGE. DAT ES DÄ, DÄ DO DRÜVVE SING HUUSDÖR AM REPAREEREN ES!
UUSSERDÄM ES E KLEIN UN HÄT ENE JÄLE SCHNÄUZER. ÄVVER VIL-LEICH KENNT EHR EN JO ALD JANZ JOT?
(FISTELSTEMM) ÖH, JO... NÄ! ...EM... DANKE!
DENKT EHR ET SELVE WIE ICH, LEEV FRÜNDINNE?
BLABLABLI BLABLABLA BLABLABLA
BLABLUBLI! BLABLAJOT!
BLUBLIBLA! BLABLUBLI! BLIB...
(FISTELSTEMM) SID EHR DER ASTERIX?
EJA, WORÖM?
KLOPP! KLOPP! KLOPP!
27B

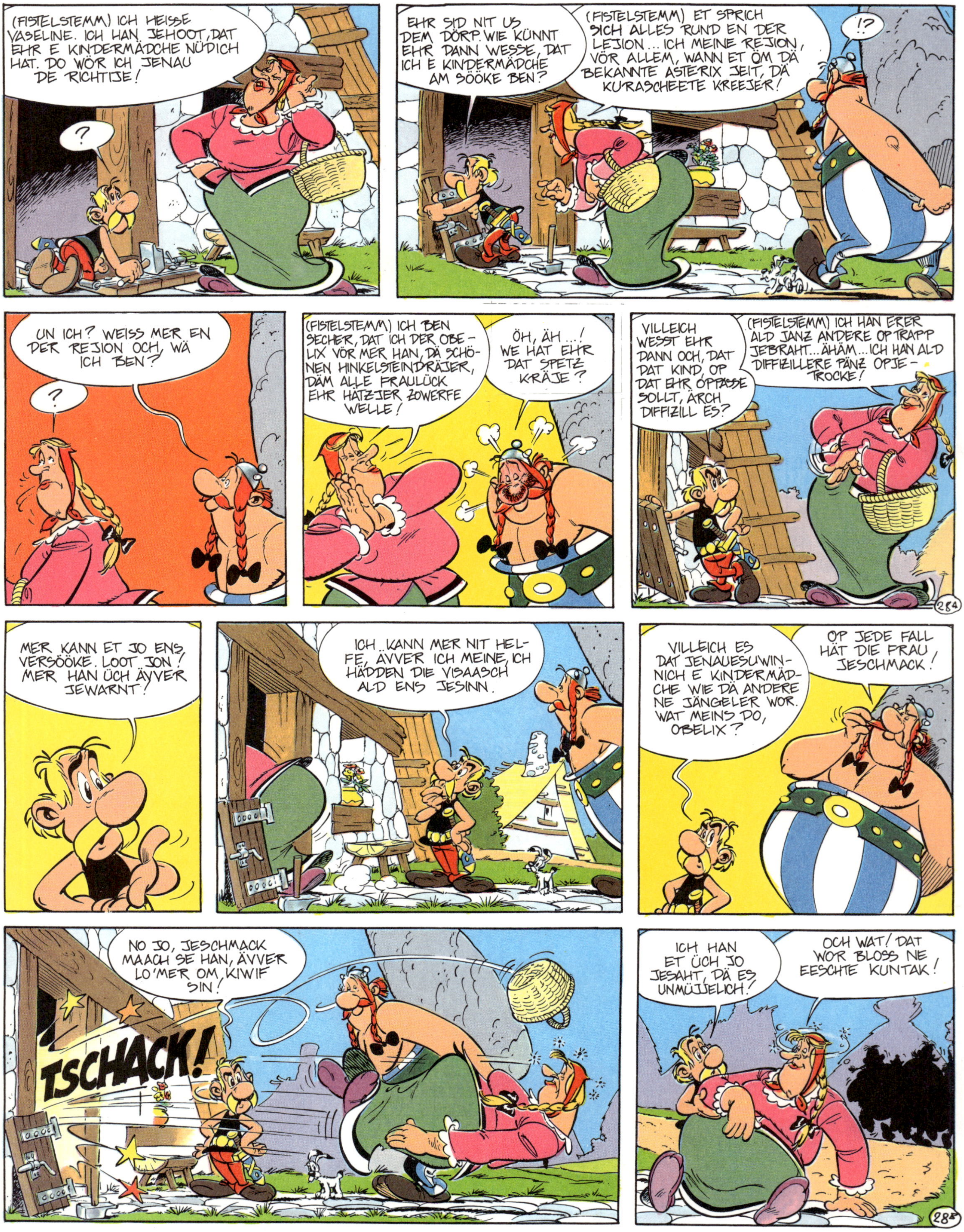
(FISTELSTEMM) ICH HEISSE VASELINE. ICH HAN JEHOOT, DAT EHR E KINDERMÄDCHE NÜDICH HAT. DO WÖR ICH JENAU DE RICHTIJE!
?
EHR SID NIT US DEM DÖRP. WIE KÜNNT EHR DANN WESSE, DAT ICH E KINDERMÄDCHE AM SÖÖKE BEN?
(FISTELSTEMM) ET SPRICH SICH ALLES RUND EN DER LEJION... ICH MEINE REJION, VÖR ALLEM, WANN ET ÖM DÄ BEKANNTE ASTERIX JEIT, DÄ KURASCHEETE KREEJER!
!?
UN ICH? WEISS MER EN DER REJION OCH, WÄ ICH BEN?
?
(FISTELSTEMM) ICH BEN SECHER, DAT ICH DER OBELIX VÖR MER HAN, DÄ SCHÖNEN HINKELSTEINDRÄJER, DÄM ALLE FRAULÜCK EHR HÄTZJER ZOWERFE WELLE!
ÖH, ÄH...! WE HAT EHR DAT SPETZ KRÄJE?
VILLEICH WESST EHR DANN OCH, DAT DAT KIND, OP DAT EHR OPPASSE SOLLT, ÄRCH DIFFIZILL ES?
(FISTELSTEMM) ICH HAN ERER ALD JANZ ANDERE OPTRAPP JEBRAHT... ÄHÄM... ICH HAN ALD DIFFIZILLERE PÄNZ OPJETROCKE!
28A
MER KANN ET JO ENS VERSÖÖKE. LOOT JON! MER HAN ÜCH ÄVVER JEWARNT!
ICH... KANN MER NIT HELFE, ÄVVER ICH MEINE, ICH HÄDDEN DIE VISAASCH ALD ENS JESINN.
VILLEICH ES DAT JENAUESUWINNICH E KINDERMÄDCHE WIE DÄ ANDERE NE JÄNGELER WOR. WAT MEINS DO, OBELIX?
OP JEDE FALL HÄT DIE FRAU JESCHMACK!
NO JO, JESCHMACK MAACH SE HAN, ÄVVER LO'MER OM, KIWIF SIN!
TSCHACK!
ICH HAN ET ÜCH JO JESAHT, DÄ ES UNMÜJJELICH!
OCH WAT! DAT WOR BLOSS NE EESCHTE KUNTAK!
28B

DICH WÄÄDEN ICH ALD KLEIN-KRIJJE, DO SAUBALCH!
TSCHACK!
ZEHN ZO EINS FÖR DÄ KLEIN!
AFJEMAHT!
ET HÄT KEINE SENN, DAT ÖÖSJE ZÄHME ZE WOLLE, LEEV FRAU!
(NORMALE STEMM) DAT JEIT DICH ENE DRESS AAN!
MÄNCHMOL KÜNNT MER MEINE, DAT MÄDCHE WÖR EM STEMMBROCH.
ÄVVER ICH WOLLT DOCH BLOSS...
HÖR OP UN MAACH, DAT DE LAND JEWENNS!
PLATSCH!
29a
DAT LOSS ICH MER NIT BEEDE - ICH, DE FRAU VUM BAAS!
DIE MOLESTE HA'MER BLOSS, WEIL DÄ KLEIN E STÖÖZJE VUM MIRAKELSAFF VERSCHLECK HÄT.
OH JO, DIE PLAATZ EM SENAT HAN ICH ÄVVER ECH VERDEENT!
KUTT! ICH WELL VERSÖÖKE, ÜCH BEI DÄM KUNTAK MET DÄM JÜNGELCHE ZE HELFE!
NO LOOR ENS, WIE LEEV ET VASELINE ES! DAT DARF MER DOCH NIT HAUE, SU LEEV, WIE DAT ES!
RABÄÄÄH!
DAT MOOT JO WIDDER KUMME!
ES MER OP EN KINDDÄUF ENJELA-HA-DE...
!
29B

UN US ALTFRÄNKISCH UN LATING WOOD EN SPRO-HOCH JE-HE- MÖLSCH...
DAT SCHINGK DÄM BÄLKES ZE JEFALLE!
HE HA'MER ÄVVER NIT MIH DERSELVE JESCHMACK!
...DAT KLUNG ESU MOLLICH UN ESU FING,...
OP JEDE FALL HÄT ET JEWIRK! HÄ ES ENJESCHLOFE!
...UN DAT JÖV UNSER KÖLSCH!...
DAT EINE MUSS MER JO SAGE, DAT MÄDCHE ES SUPER!
NOR WÖR ET SCHÖN, ET DÄT NETTE KINDERLEEDER SINGE!
30A
...JA JO-HO! UN US ALT-...
DAT ES ENE BIESTEREI!
WAT LÄUF, TROUBADIX?
WAT LÄUF? DO LIESS E FREMBCHE EN UNS DÖRP, DAT ANPLAATZ MEER SINGK, DAT LÄUF!
DO BES ÄVVER KEI KINDERMÄDCHE, SUVILL ICH WEISS!
ICH BEN ENE LEEDERMÄCHER, UN BLOSS LEEDERMÄCHER DÖRFE SINGE!
EHR HAT DAT KIND WACKERICH JEMAHT! KÜNNT EHR NIT E BESSJE WIGGER FOTT JON UN DO BLÖKE?
MADAM, VUN ENEM FREMBCHE BRUCHEN ICH MER NIX SAGE ZE LOSSE!
UN ICH WÄÄDEN HE BLÖKE, SUVILL ICH LOSS...
?
HELFT MER! HÖLLLEP!
HÄ KANN DÄM TROUBADIX SINGER STEMM NIX AFJEWENNE, OCH WANN E NIT SINGK!
30B

* EN KÖLN-WEIDEN KA'MER HÜCK DE JRÖSSTE RÖMISCHE JRAVKAMMER NÖRDLICH VUN DE ALPE BELOORE.

ICH HAN DER JET ZE SAGE, ASTERIX!
!
WÄJE DÄM KINDERMÄDCHE EN DINGEM HUUS FANGEN SE EM DÖRP ALD AAN, DE SCHNÜSS ZE SCHWADE. ÖH... KÜNNS DE NIT EN ZICK LANG BEI DÄM OBELIX ENTRECKE?
DIE SCHWADEREI ES MER EJAL, WEIL DO ÄVVER DER BAAS BES, WELL ICH DINGEM ROT FOLJE.
WAT MAHT EHR DO?
ICH TRECKE ÖM! WANN EHR MICH BRUCHT, ICH BEN BEIM OBELIX!
DÄ BLÖDSCHKOPP LIET MICH HE JEWÄHDE. DIS NAACH, WANN SE ALL AM SCHLOFE SIN, MAACHEN ICH MICH MET DÄM PANZ DURCH DE KOOD!
RABÄ
ALS DIE RÖMER FRECH JEWORDEN, SIMSERIM, SERIMSIMSIM...
EM JRUND JENOMME ES ET MEER SUWIESU RÄÄCH, BEIM OBELIX ZE WONNE.
32 A
EN DER NAACH...
JETZ ODER NIE! ALLES SCHLÖF, SUJAR DÄ HE!
RABÄÄÄH!
RABÄÄÄH!
WÄM FRÜNDSCHAFF FREMB UN TRADIZJUN, DÄ KANN UNS...*
* RÖMERJARDEMARSCH.
MER WÄDDEN DER JLICH JET VUN FRÜNDSCHAFF VERZÄLLE!
BLOSS LEEDERMÄCHER HAN E RÄÄCH ZO SINGE!
FÖR SUJET SÄHT DÄ SINGE!
MAHT DOCH ENS JET, DAT DAT FREMBCHE DE SCHNÜSS HÄLT!
ICH STOPP DER JLICH DI BÜTZJESCHERR!
WOR NIX!
KUMM, MINCHE!
KIKERIKIIIII!
32 B

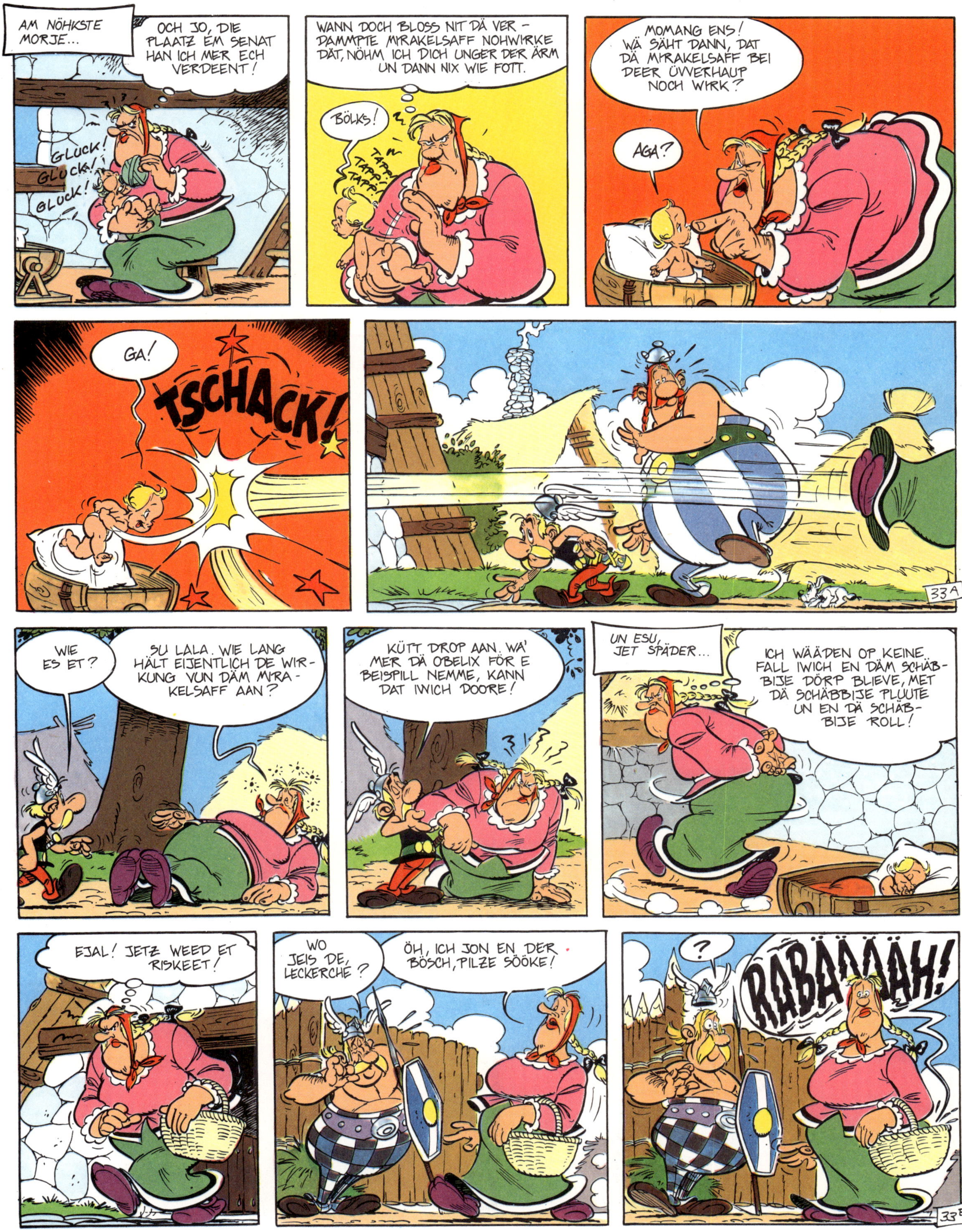
AM NÖHKSTE MORJE...
OCH JO, DIE PLAATZ ËM SENAT HAN ICH MER ECH VERDEENT!
GLUCK! GLUCK! GLUCK!
WANN DOCH BLOSS NIT DÄ VERDAMMPTE MIRAKELSAFF NOHWIRKE DÄT, NÖHM ICH DICH UNGER DER ÄRM UN DANN NIX WIE FOTT.
BÖLKS!
TAPP! TAPP! TAPP!
MOMANG ENS! WÄ SÄHT DANN, DAT DÄ MIRAKELSAFF BEI DEER ÜVVERHAUP NOCH WIRK?
AGA?
GA!
TSCHACK!
33A
WIE ES ET?
SU LALA. WIE LANG HÄLT EIJENTLICH DE WIRKUNG VUN DÄM MIRAKELSAFF AAN?
KÜTT DROP AAN. WA' MER DÄ OBELIX FÖR E BEISPILL NEMME, KANN DAT IWICH DOORE!
UN ESU, JET SPÄDER...
ICH WÄÄDEN OP KEINE FALL IWICH EN DÄM SCHÄBBIJE DÖRP BLIEVE, MET DÄ SCHÄBBIJE PLUUTE UN EN DÄ SCHÄBBIJE ROLL!
EJAL! JETZ WEED ET RISKEET!
WO JEIS DE, LECKERCHE?
ÖH, ICH JON EN DER BÖSCH, PILZE SÖÖKE!
?
RABÄÄÄÄH!
33B

...MÖÖCH ICH TIRECK OP HEIM AAN SCHWENKE, ICH MÖÖCH ZO FOSS NOH KÖLLE JON...
?!
JETZ, WO MER UNS VUM DÖRP US NIT MIH SINN KANN...
...LOSS MER UNS PLOGE, FLÖCK EN ET LAGER ZE KUMME!
WO JEIS DE, OBELIX?
ICH HAN DÄM APPENDIX NOCH JET ZE LIVVERE. DÄ KLEINE FRESSKLÖTSCH KOSS UNS WIRKLICH ENE HAUFE HINKELSTEIN!
ICH JON MET!
ICH HATT JEDAACH, MET DÄ AMM KÜNNTE MER JET SPARE, ÄVVER ANDERS WIE SÖNS DEIT DAT KEIN MILCH LIVVERE!
34A
WANN EHR DAT VASELINE UN DÄ KLEIN SÖÖKT, DIE SIN FÖR PILZE EN DER BÖÖSCH JEJANGE!
?!
FLÖCK, OBELIX! ICH HAN SU E KOMISCH JEFÖHL!
STELL MINGEN HINKELSTEIN KALT, SINNIX! MER SIN NIT LANG FOTT!
HMPF!
SCHNÜFF! SCHNÜFF!
PUH! ICH FÖHL MICH OP EIMOL VILL LEICHTER!
GA!
!?!
WAAT! WANN ICH DICH KRIJJE, DO FREESE VUN ENEM...
34B

!
TSCHRI!!!!!
TSCHR!!!!
MAAAAMI! HÖLLLEP!
TSCHOCK!
NÄÄÄ! PACK MICH NIT AAN! LOSS MICH EN RAUH!
GA!
35A
MAAAAM!!!
KOOT DROP...
WAFF! WAFF! WAFF!
LOOR ENS DAT SÖSSE PUSSELCHE! ET ES WIDDER UNGER NEM BAUM ENJESCHLOFE!
DO SÜHT MER ET! DAT VASELINE WOR JAR KEI KINDERMÄDCHE! MER HAN MET UNS ENS WIDDER DE AAP MAACHE LOSSE.
SOLLE MER NIT ENS LOORE, WÄ DAT ÜVVERHAUP WOR? ICH HÄTT FIES LOSS OP EN „ERHEBUNG" BEI DE RÖMER!
MER KÜNNE DAT WÄJE DÄM KLEIN NIT RISKEERE. UUSSERDÄM WÄÄDEN DE RÖMER BESTEMMP WIDDER EN NEU BIESTEREI USKNUUVE, UN DANN - BEIM TÜNNEMANN - DANN KRIJJEN SE EINE OP DER DÄTS!
35B

HÖLLEP!
ÄVVER IF BIN DOF JANF JECK OP...
...DIF!
KNUFF!
MAACH HE NIT DER JECK, CACTUS! ICH SAGEN ET DER ET LETZTE MOL: KUMM ERAF!
SCHWÖR MER, DAT E NIT EM LAGER ES!
DRIESS JET DROP! WOR NIX, MET SENATOR! DAT MICH ÄVVER NÜMMES OP DAT KLEINE BIESS AANSPRICH!
NO KUMM! MER HAN DISMOL VERLORE, ÄVVER NOCH LANG NIT DER KREECH!
36A
ICH HATT ET DER JESAHT: WANN ET NÜDICH ES, FACKELEN ICH JANZ JALLIE AF... ALSU...
FACKELE MER NIT LANG!
NOHDÄM SICH DE SONN VERDRÖCK HÄT...
WAT EN IDEE, UNS VÖR DE WURFMASCHIN ZE SPANNE! DAT ES EN ARBEIT FÖR ENE BEKLOPPTE!
DANN HÄS DE JO NIX ZE KÜHME!
WELLS DE WIRKLICH JANZ JALLIE AANSTECHE, BRUTUS?
DAT DÖRP VUN DÄ WIDDERBÖÖSCHTIJE DÄT MER ALD RECKE! DAT STRÜH VUN DENNE JALLISCHE HÖTTE BRENNT TIRECK UN JOT, SÄHT MER!
DIE RÖMER SIN DISMOL ESU JAU UN ZIH, WIE MER SE BES JETZ NIT JEWENNT WORE.
DORÖM WEEDE MER JETZ OCH JET MIH OPPASSE MÜSSE!
UN OCH NIT ESU NITSCH SIN!
ICH HAN ET JO TIRECK JEWOSS, DAT DAT KINDERMÄDCHE ENE FALSCHE FUFFZIJER WOR!
36B

EN DER NAACH, MILLE PASSUS* FOTT VUM DÖRP...
NO? HÄS DE MICH VERSTANDE, CACTUS? ICH JEWEN DER ET REJALT! OP MING ZEICHE DOOT EHR SCHEESSE!
*1.000 KLAFTER = 1.472 METER
NE PIEL, DÄ BRENNT! DAT ES DAT ZEICHE!
ALLES HÖÖT OP MI KOMMANDO!
SCHEESSE!
DE RÖMER JRIEFEN AAN!
FÖÖR!
ET ES AM BRENNE!
RASSELDIKIII!

JUTEMINE, DO BRENGKS DE FRAULÜCK UN DE PÄNZ NOH'M STRAND, DERWIEL DUN MEER UNS ÖM DE RÖMER KÖMMERE.
ICH VERTRAU EN DEER AAN! ICH BEN SECHER, DAT E BRAV ES!
ALLES EN REIH UN JLID! SCHNÜSS JEHALDE UN KEIN JIHE ANGKS!
NÄ?
NÄ!
GLUCK! GLUCK! GLUCK!
ICH MEIN, DISMOL SCHMECK E JET EIJE!
KEI WUNDER! BEI DÄM ZORTEER HE WEED E WAL JET AANJEBRANNT SIN!
LO' MER DENNE RÖMER ZEIJE, WIE AFJEBRÖHT MER SIN!
VÖRAAN!
VÖRWÄRTS!
ET EESCH KÜNNE DOCH DIE DRAAN, DIE SICH ET BESS MET DE „ERHEBUNGE" USKENNE, WA, ASTERIX?
MEER JEWENNE, WEIL MER STÄRKER SIN!
TSCHRAAAACK!

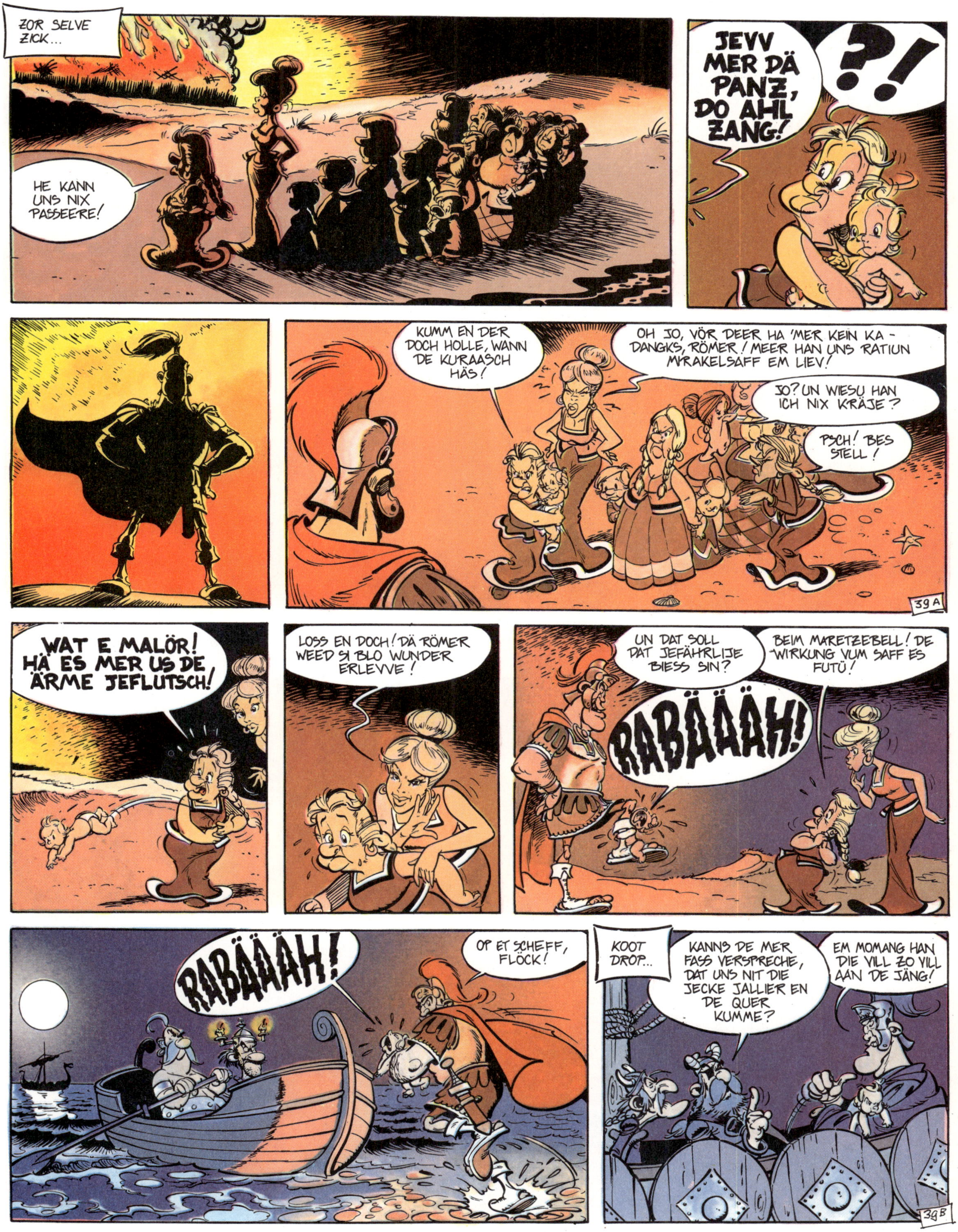
ZOR SELVE ZICK...
HE KANN UNS NIX PASSEERE!
JEVV MER DÄ PANZ, DO AHL ZANG!
?!
KUMM EN DER DOCH HOLLE, WANN DE KURAASCH HÄS!
OH JO, VÖR DEER HA 'MER KEIN KA-DANGKS, RÖMER! MEER HAN UNS RATIUN MIRAKELSAFF EM LIEV!
JO? UN WIESU HAN ICH NIX KRÄJE?
PSCH! BES STELL!
39 A
WAT E MALÖR! HÄ ES MER US DE ÄRME JEFLUTSCH!
LOSS EN DOCH! DÄ RÖMER WEED SI BLO WUNDER ERLEVVE!
UN DAT SOLL DAT JEFÄHRLIJE BIESS SIN?
BEIM MARETZEBELL! DE WIRKUNG VUM SAFF ES FUTÜ!
RABÄÄÄH!
RABÄÄÄH!
OP ET SCHEFF, FLÖCK!
KOOT DROP...
KANNS DE MER FASS VERSPRECHE, DAT UNS NIT DIE JECKE JALLIER EN DE QUER KUMME?
EM MOMANG HAN DIE VILL ZO VILL AAN DE JÄNG!
39 B

SU ES ET! UN EN ALLER HERRJOTTSFRÖH...
KIKERI...
KRÄCHZ! KRÄCHZ!
LOOR ENS, ASTERIX! ICH HAN DÄ JÄNGELER WIDDERJEFUNGE!
UN ICH DAT KINDERMÄDCHE!
WAT E JLÖCK, DAT MEER STÄRKER SIN, WAT HÄTTE MER SÖNS RESS KRÄJE!
PAFF! PAFF! PAFF! PAFF!
DO SÄHS MER JETZ TIRECK, WAT DO HE ZO SÖÖKEN HÄS, SÖNS SINGEN ICH DEER E LEED NOH MINGEM FAZUNG, DO NIBBELCHE!
DU'MER NIX! ICH MOOT DAT FÖR DER BRUTUS DUN, DÄM CÄSAR SINGE SON!
UN WO ES DÄ?
AM STRAND! HÄ HATT SICH JEDAACH, DAT EHR DAT KIND DOHER BRENGKT, WEIL EHR MEINT, DAT KIND WÖR DO SECHER!
FLÖCK, OBELIX! HINGER MER HER!
FLÖCK, IDEFIX! HINGER MER HER!
WAU!! WAU!!
40A
WO ES DÄ KLEIN?
AU WIH! ICH HAN DI VERTRAUE NIT VERDEENT, ASTERIX! NE RÖMER HÄT EN SICH KRÄJE UN EN OP E PIRATESCHEFF METJENOMME!
MER SÜHT ET NOCH HINGE FÄNS, ASTERIX!
MEINS DE, DO KÜNNS DAT NOCH ENKRIJE, WANN DE HINGERHERSCHWEMMS?
DO KANNS ÄVVER OCH DUSELIJE FROGE STELLE, ASTERIX!
EXKÜSEE, ICH DAACH JO BLOSS, DO...
ÄVVER SECHER KANN ICH DAT!
ICH FROGE MICH, WAT ICH OHNE DICH BLOSS MAACHEN DÄT, OBELIX!
DOLLHEITE!
?
FLOPPFLOPPFLOPPFLOPPFLOPP!
40B

ALSU, SI'MER UNS EINICH ÜVVER DER PRIES, RÖMER?
JO, DAT JELD KRIS DE ÄVVER EESCH, WA' MER EN BRIVATES PORTUS* AANJE-KUMME SIN!
*BREST.
ES JOT! WANN ICH ALD ENS DO BEN, KANN ICH OCH DÄM BÄRBELCHE ENS KOOT DE DAACHS-ZICK SAGE.
DAT ES WAL NE RICHTIJE SCHATZ, DÄ KINDERPRINZ DO, WA?
DO SÄHS DE JET!
LECK MICH EN DER TÄSCH! WANN E SUVILL WÄÄT ES, DÄT ICH EN JO ET LEEVS FÖR MICH BEHALDE
SCHWEMME' AAN BACKBO'D!
?
SCHWEMMER? WAT DANN? WIE DANN? WÄ DANN?
ZWEI JALLIE'! ZWEI!
!
41 A
JO... WAT SOLL DAT DANN? WÄJE ZWEI JALLIER LOSST EHR DAT SCHEFF EM RESS?
DO KENNS UNS NIT, DO HÄS UNS NIE JESINN, UN MER SIN QUITT, RÖMER!
KUCKUCK!
AGA!
BLIEVT MER VUM LIEV, SÖNS PASSEET JET MET DÄM KIND!
AUAAAAA!
KNURR!
41 B

KOMISCH, DISMOL HA'MER DIE PIRATE JAR NIT JESINN!
OCH, ICH NEMMEN AAN, DAT DIE HE IRJENDWO EM JLÖCK AM SCHWEMME SIN.
EINS, ZWEI! MAHT VÖRAN, JUNGE! BES BRIVATES PORTUS SCHWEMME MER HÜHKSTENS ZWEI DÄÄCH.
NON LICET OMNIBUS ADIRE BRIVATUM.*
UN ET 'ÄHNTE WIE E BIES EN B'NATES OP DER KIES...
* NIT JEDEREIN DARF NOH BREST KUMME!
NA, WÄ SÄHT ET DANN...
ICH HAN ET DOCH JEWOSS, DAT ET INNE FLUPP, DÄ KLEIN ZERÖCKZEHOLLE!
ASTERIX SOLL LEVVE!
OBELIX SOLL LEVVE!
IDEFIX SOLL LEVVE!
42A
HÄS DE ERUSJEFUNGE, WO DÄ KLEIN HINJEHÖÖT?
NOCH NIT. ÄVVER ICH WEISS, WIE ICH ET ERUSKRIJJE!
WAT LÄUF DANN HE ALD WIDDER?
?!!
CÄSAR!
EJA, BRUTUS, ICH KUMME TIRECKTEMANG US KÖLLE, WO MER MING SPEKELÖRESE JEFLEUT HAN, WAT DO DER HE FÖR DINGER LAPPS!
WAT FÄLLT DER EN, MING LEJIONE ESU ZE DEZIMEERE, BLOSS FÖR E KIND ZE FINGE? SAACH, WÄ ES DAT KIND?
DAT ES JENAU DIE FROCH, DIE ICH IM OCH JRAD STELLE WOLLT, JULIUS!
DAT ES DINGE JUNG, CÄSAR!
42B

KLEOPATRA!
?!
DAT ES JO DOLL! WAT ENEN AANBLECK!
UN WAT EN NAS!
MINGE JUNG? ET CÄSARCHE? ÄVVER ICH DAACH, EHR WÖRT ALLEBEIDS EN MINGEM PALAS EN ROM, WO ET SECHER ES?
WO ET SECHER ES, SÄHS DE?
WIE DO FOTT WORS, HÄT DÄ FILU VUN BRUTUS E PAAR MOL VERSOOK, UNSE SON ÖMZEBRENGE, DAT HÄ DICH ALLEIN BEERVE KANN!
DO BEN ICH OP DIE IDEE JEKUMME, UNSE JUNG DOHIN ZE BRENGE, WO WIRKLICH NOCH NE SCHOTZ FÖR IN JARANTEET WOR: EN DAT DÖRP VUN DÄ WIDDERBÖÖSCHTIJE JALLIER, DIE NIT MÖÖD WÄÄDE, JEDEREIN DE STEEN ZE BEEDE, DÄ INNE ZE NOH KÜTT.
HM! JAJO ES ALD JOT!
TU QUOQUE FILI!* DO MÄHS DICH TIRECKTEMANG OP DE SÖCK FÖR NOH KÖLLE ZE KUMME! VILLEICH JELINGK ET DENNE DO, US DEER NOCH JET ZE MAACHE.
*DO OCH, MINGE SON! (AV UN AAN DÄT SICH CÄSAR WIDDERHOLLE.)
PADONG, ASTERIX, ET DEIT MER LEID, DAT ICH ÜCH USJENÖTZ HAN!
ÄVVER ICH BEN ÄRCH STOLZ FÖR ÖR VERTRAUE, O KUNNIJIN KLEOPATRA!
ÄVVER...
DÄ KLEIN ES FOTT!!

WAU! WAU!
HÄ ES ALD WIDDER UNGER NEM BAUM ENJESCHLOFE!
DÄ ES WIE DER IDEFIX. OP BÄUM ES E KNATSCHJECK! DAT ES E JOT ZEICHE!
WANN DAT ESU ES, DANN LOSS ICH IM JOLDE BÄUM JEESSE!
O KÜNNIJIN KLEOPATRA, O CÄSAR! ET DEIT UNS ÄRCH LEID, DAT EHR DÄ JLÖCKLIJE USJANGK VUN DÄM KREPPCHE NIT BEI UNS UN MET UNS FIERE KÜNNT. ÄVVER UNS DÖRP LITT EN ÄSCH UN ZINTER!
UN WAT ES MET UNSEM AF-SCHLUSS-FESS-ESSE?
MING WÖHLMÜÜS, HOLZWÜRM UN ZEMMERLÜCK WÄÄDEN DAT ALD REECHTE, DO STON ICH FÖR JRAD!
UN WAT MICH AANJEIT, SU SPENDEEREN ICH DAT FESSESSE! DAT ES JO ET WINNICHSTE!
44A
DO HATT DER OBELIX NIT MET JERECHENT. UNGER DER WÄRM SONN VUN ÄREMORICA UN OP DÄM PRÄCHTIJE SCHEFF VUN DER KÜNNIJIN KLEOPATRA WEED E ESSE OPJEDESCH, BEI DÄM ET AAN NIX FÄHLT - NOCH NIT ENS AAN WELDSÄU. SELVS DER CÄSAR MÄHT MET, SCHLEESSLICH ES HÄ JO OCH DER VATTER VUN UNSEM STAATSE POOSCH, DÄ AM SCHLOFE ES UN NOCH NIT EM DRAUM DODRAN DENK, DAT E SPÄDER ENS EN ÄJYPTE UNGER DÄM NAME PTOLEMÄUS XVI. ET REJALT HAN WEED.
... ALSU, DIE KLEIN BEIE FLEEJE VUN BLÖÖT ZO BLÖÖT UN STRIEFE DOBEI JET BLÖÖTESTÖPP OP DÄM STEMPEL AF, VERSTEIS DE?
UN DE STÖRCH ... KNURPS! ... WAT HAN DIE DOMET ZE DUN? KNACKS! KNURPS!
KNURPS! KNURPS!
ENGK
UDERZO 6.83.

Fortsetzung von Seite 2

jihhöstich = gierig, hastig
jläuve = glauben
jöcke = jucken; hier: eilen
jon = gehen
joot = (ihr) geht
Kadangks = Respekt, Furcht, Angst
Kamelle = Karamellen; siehe auch: *nix zo kamelle han*
Käuverzäll = unsinniges Gerede
kieme = keimen
knatschverdötsch = total verrückt
Knubbel = hier: kleine Einheit, Gruppe
Kood = Kordel; siehe auch: *sich durch de Kood maache*
koot = kurz
kott = hier: erbost, erzürnt
Kötter = Bettler
krihe = 1. krähen 2. schreien 3. laut jauchzen, jubeln 4. schrill singen
kühme = stöhnen
kumme = kommen
küss = (du) kommst
kütt = (er, sie, es) kommt
kutt = (ihr) kommt
Lappekess = Bett
lihne = leihen
Liev = Leib
livvere = liefern
loore = schauen, sehen, beobachten
Lück = Leute
mäht = (er, sie, es) macht
Maue = Ärmel; siehe auch: *jet en de Maue han*
meer;(unbetont:) mer = 1. mir, 2. wir
mem Höhnerkläuche dran jon = in listiger Weise zu erreichen suchen, vorsichtig, taktvoll
mer = man; siehe aber auch: meer
met einem de Aap maache = jemanden reinlegen, jemanden veräppeln, auf den Arm nehmen
mih = mehr
mihts = meist
Mirakelsaff = Zaubertrank
Momang = Moment
mööt = (er, sie, es) müßte
Näl = Nägel, Fingernägel
nitsch = boshaft, hinterlistig
nix zo kamelle han = nichts zu sagen haben
noh = 1. nach 2. nah
Nöh = Nähe
Nohbere = Nachbarn
nöhkste = nächste
Nüggel = Nuckel
nümmes = niemand
Ohm = Onkel
om Kiwif sin = auf der Hut sein
öntlich = ordentlich
ovschüns = obschon, obwohl
Piel = Pfeil
ploge = beeilen, plagen
Pluute = Kleider
Pohl = Pfahl
Pooz = Pforte, Tür
Püngel = Packen, Bündel, Menge
Rähn = Regen
Räspelche = Kinderrassel
Rauh = Ruhe
räuhich = ruhig, in Ruhe
recke = reichen
Rejalt = Oberhand, Herrschaft, das Regiment innehaben
Ress = 1. Riß, Einriß 2. Hiebe, Schläge 3. Rest; siehe auch unter: *em Ress jelosse*
Rhingroller = Lastenträger, kräftiger Bursche
rigge = reiten
Rot = Rat
schamme = schämen
schineerlich = 1. peinlich 2. unfein
schleit = (er, sie, es) schlägt
Schless = Hunger
schnorkse = schnarchen
Schnüss = Mund, Maul, Schnauze
Schrüpp = Schläge, Hiebe
seivere = sabbern; hier: plappern, quatschen
sich durch de Kood maache = verschwinden, sich aus dem Staub machen
sich tüte losse = sich anschmieren lassen
sin = sein
sinn = sehen
Son = Sohn
Sonn = Sonne
söns = sonst
Söck = Socken
sööke = suchen
Soorbrode = Sauerbraten
Spekelörese = Spione
staats = prächtig, herausgeputzt, schön
Stemm = Stimme
stich = (er, sie, es) steckt
Stivvele = Stiefel (pl)
ston = stehen
Stööz = Blödsinn, Unsinn
Stöözje = Neige, Getränkerest im Glas oder sonstigen Behältern
stritze = stehlen
Strüh = Stroh
stüsse = stoßen
Stuss = Unfug, Blödsinn
sühs = (du) siehst
süht = (er, sie, es) sieht
tireck = direkt
tirre jon = weglaufen, abhauen
trecke = ziehen
trok = (er, sie, es) zog
Troor = Trauer; siehe auch: *zom Troor jon*
usenanderpusamenteere = erklären
usjezallt = ausgezählt
usknuuve = ausdenken, aushecken, fertigbringen
verbasert = erschrocken, verblüfft
verschlecke = verschlucken
verston = verstehen
vertrocke = verzogen
wackerich = wach werdend
wat do der för Dinger lapps = was du dir für Sachen leistest
Weckeldöcher = Wickeltücher
wick = weit
Wiev = Weib, Frau
wigger = weiter
wonne = wohnen
Zaldate = Soldaten
zälle = zählen
zänke = zanken, streiten
Zeecheldere = Zieheltern
Zick = Zeit
Zinter = Brandreste
zo basch(te) = mehr als genug
zojefleut = zugeraunt
zojejovve = zugegeben
zom Troor jon = hin sein, verloren sein
Zorteer = hier: Drunter und Drüber, Tohuwabohu

Folgende 43 Kinderbezeichnungen fanden in *Däm Asterix singe Jung* Verwendung (Erläuterungen hierzu in dem Buch *Uns Famillich* von Ingeborg Nitt, Bachem Verlag, Köln):

Babaditzje, Balch, Blaach, Bälkes, Binzje, Botzekälche, Botzendresser, Brölles, Bünselche, Ditz, Ditzemann, Fant, Fetz, Futzemann/Futzemännche, Jung, Kind, Knaggewarius, Klein, Leckerche, Leckspönche, Lotterbov, Ooß/Öößje, Panz, Poosch, Puselche, Put/Pütche, Quos, Rabäuche, Racker, Schreibätes, Son, Spillratz, Spring-op, Strängche, Stropp/Ströppche, Stümpche, Tittächer, Weckelditz, Wibbelstätz

VERLEIHNIX
UDERZO